Smart Book

기초한문교재

현토번역

신편 격몽요결

擊蒙要訣 - 附 讀本

함현찬 역주

傳統文化研究會

新編 擊蒙要訣 - 附 讀本 12,000원

2021년 07월 05일 초판 발행
2026년 03월 31일 초판 2쇄

譯　者　함현찬 역주
懸　吐　오규근
潤　文　원주용 이지곤
校　訂　김황호
編　輯　이화춘
出　版　신양선
發行人　김　현
發行處　社團法人 傳統文化硏究會
서울 종로구 삼봉로 81 두산위브파빌리온 1332호
전　화 : (02)762-8401　전　송 : (02)747-0083
홈페이지 : juntong.or.kr
등　록 : 1989. 7. 3. 제1-936호

총　판　한국출판협동조합(070-7119-1750)

ISBN 979-11-5794-477-4 04710
978-89-85395-49-6 (세트)

기초한문 Smartbook을 간행하며

오늘날 동북아東北亞 공용문자共用文字인 한자漢字는 그 용도用途가 이분二分되었다 하겠다. 하나는 전통적인 한자문화시대의 고문古文에 대한 연구 분야이고, 다른 하나는 현대 한국韓國과 중국中國, 일본日本 등 한자문화권 국가의 실제 언어생활에 활용하는 어휘 중심의 실용 구어口語와 전문용어 분야이다.

서세동점西勢東漸의 시기에 동양문화東洋文化의 뿌리인 한자가 열등문자劣等文字로 취급되고 배척되는 위기가 있었다. 당시 중국과 일본은 문화文化 전통을 잘 수호守護하여 이를 극복하였던 반면, 월남越南은 프랑스의 식민 하에서 한자를 버렸고, 남북한南北韓은 점령군과 한글전용주의자의 합동 공세攻勢로 문화 수호의 책임을 방기放棄하고 말았다. 어문정책語文政策에 혼란을 초래하여 문화의 기반이 흔들리더니, 이지는 한글전용의 입장이 주류를 형성하였다.

우리 민족은 2,000여 년 전, 저 멀리 삼한시대三韓時代부터 동방東方 공용문자共用文字를 사용하면서 우리 특유의 한자문화를 형성하였고, 나아가 그 바탕에서 우리의 말과 글이 합치하는 훈민정음訓民正音을 창제하여 표의문자表意文字인 한자와 표음문자表音文字인 한글을 융합하여 세계에 유례없는 어문생활을 영위營爲하여 왔다.

그러나 일부 국수주의자國粹主義者들의 책동策動으로 한글전용정책이 문화·교육·학계 전반을 잠식蠶食하였고, 이는 우리의 고급문화를 후퇴시켜 오늘날 실질문맹률實質文盲率 64%라는 OECD 최하위권 수준으로까지 추락시켜 문화후진국을 면치 못하게 되었다. 이는 개념어概念語의 대다수를 차지하는 한자어를 한글로만 표기한 결과, 제대로 된 원의原意의 이해·전달 및 조어造語가 어려워졌기 때문이다.

그리하여 초·중등교육의 국어國語·역사歷史를 비롯한 각종 교과서 어휘語彙와 용어用語 등으로부터, 전문적인 학술용어學術用語에 이르기까지 국어보다는 외국어外國語가 더 익숙한 상황에 이르렀다.

'한자는 어렵다'는 고정관념은 한자의 낱글자와 한문의 문장까지 포함한 잘못된 인식이다. 물론 한자는 수천 년 동안 써왔지만 획수劃數와 글자 수가 많고, 한문의 문장구조文章構造도 우리말과 달라 배우기 어려운 것이 사실이다. 그러나 우리가 오늘날 국어 등에서 사용하는 한자어는 고문古文인 한문漢文이 아니다. 게다가 한자를 상형문자象形文字로 부르듯이 한자는 그림 형체가 있고 이미지가 있어, 연상聯想 작용과 도형화圖形化 등 스토리텔링에 효과적이라 지상地上의 문자 중 가장 기억하기 쉬운 우수한 문자이기도 하다.

한자는 뇌의 활동을 활발하게 하고 오래 기억되는 매우 효용적인 언어라는 것이 뇌과학자腦科學者 조장희趙長熙 박사의 MRI 실험과 일본 등 외국에서도 증명되었다. 또 일본이 표의문자인 한자와 표음문자인 가나(일본 문자)를 혼용混用한 것이 세계 제일의 독서국으로 발전하게 되어 세계문화국의 원동력이 되었음은 우리에게 시사示唆하는 바가 크다.

오늘날 학교의 한자漢字·한문漢文 교육은 한글전용정책의 영향을 받아, 현대식 교재를 중심으로 단순 암기와 피상적인 정보 전달에 국한하여 제한적·형식적 교육으로 이루어지고 있다. 따라서 전통적 교육방법인 성독聲讀, 해석, 쓰기, 외우기, 글짓기 등 시각視覺·청각聽覺·촉각觸覺의 여러 감각기관感覺器官을 극대화하여 입체적이고 효율적인 언어학습을 도모하였던 전통 몽학蒙學(어린이 글공부) 교육의 강점을 다시 연구할 필요가 있다.

우리의 선인先人들은 서당書堂에서 아동들에게 소학小學(예절, 글자 공부)·역사歷史·문학文學 등을 교육하기 위하여 《천자문千字文》《사자소학四字小學》《추구推句》《계몽편啓蒙篇》《동몽선습童蒙先習》《격몽요결擊蒙要訣》《명심보감明心寶鑑》《훈몽자회訓蒙字會》 등을 저술하고 편찬하여 단계적으로 교육하였다.

각 분야의 소학(문자학)과 어휘력 확장으로 교양과 기초한문 이해의 기반을 다지고 동양고전 독해력讀解力을 증진하기 위해서는 이와 같은 선인들의 지혜가 응축凝縮된 전통傳統 몽학서蒙學書를 학습할 필요가 있고, 이를 통해 전통의 감성적 학습방법과 현대의 이성적·분석적 방법을 융합하여야 한다.

이에 본회는 동양고전 독해력을 2, 3년의 단기간에 터득할 수 있도록 1990년대부터 편찬한 한자·한문 교과서와 기초한문교재(몽학서)를, IT 기술과 접목한 Smartbook으로 재구성하여 어휘력과 문해력文解力 향상에 도움이 되도록 하였다. 아울러 지속적으로 새로운 교재를 발굴하여 고전독해력을 효율적·집중적·합리적으로 제고提高할 수 있도록 한문독해의 첩경捷徑을 제시할 것이다.

이러한 노력은 전통문화의 계승과 현대문화의 선진화와 생활언어의 격조를 높임은 물론, 한국학韓國學·동양학東洋學의 기반을 조성하고, 선진문화先進文化 한국인韓國人을 위한 한자어 교육의 현대화現代化와 정보화情報化를 선도하여 선진문화한국 VISION 2050 성취의 밑거름이 될 것이다.

사단법인 전통문화연구회 이사장 이계황李啓晃

격몽요결을 집필하며

오늘날 과학기술 문명이 일구어낸 산업 경쟁사회는 개인이나 집단, 사회, 국가를 막론하고 가장 우선적인 가치를 자기 이익을 위한 실리추구에 두었다. 이 경제적 실리 위주의 가치관은 과학기술의 경쟁적 발전을 가져왔고 그 결과 물질산업문명의 획기적인 발전이 이루어진 것도 사실이며, 또한 우리의 삶을 보다 편리하고 윤택하게 해 준것도 사실이다.

현대의 인류가 직면한 문제는 작게는 인간 개개인의 자아상실로부터, 크게는 인류의 생존 자체에 대한 위협에 이르기까지, 이미 한 국가, 한 민족의 문제일 뿐간 아니라 전 세계적 문제이며, 전 인류의 문제가 되었다. 이러한 상황에서 이와 같은 복잡한 현실 문제를 해결하기 위한 가장 근본적인 방법으로 교육에 대한, 특히 인간성 회복의 교육에 대한 관심이 주목을 받게 되었다.

일찍이 《擊蒙要訣》은 栗谷 李珥(1536~1584)가 42세 때(1577) 海州 石潭에서 강학하면서 학도들을 가르친 경험을 바탕으로 기초교육에 대해 정리한 것으로서, 제자들에게 道學의 입문을 지시하고 가르치기 위해 지은 책이다. '擊蒙'이란 '어리석음을 깨우친다'는 뜻으로 '蒙'자는 《周易》〈蒙卦〉에서 유래한 것이다. 《주역》에 의하면 〈몽괘〉는 '산 아래에서 샘물이 솟아나오는 것을 형상한 것이며, 또한, 어린이가 나서야 하는 형국으로, 발전해야 하는 상황'을 비유한 것이다. 따라서 '擊蒙'이란 어린이가 나서서 가르침을 받아 발전해야하는 상황을 의미하는 것으로, 이는 마치 샘에서 솟아나오는 물줄기가 처음에는 작지만 나중에는 큰 강이 될 수 있는 가능성을 가지고 있는 것과 같이 사람도 교육을 받으면 무한히 발전할 수 있는 가능성을 가진 인간으로 발전할 수 있다는 것을 의미한다고 할 수 있다.

율곡 역시 《擊蒙要訣》에서 밝히고 있듯이 학문이란 스스로 성인이 되기를 기약할 것을 주장하면서도 현실적인 治人의 道를 함께 말하고 있다. 총 10장으로 구성된 《擊蒙要訣》에서는 다양한 학문의 과제들에 대해 언급하고 있지만, 전체적인 맥락에서 볼 때 이 책 역시 항상 인간 및 사회의 제 관계를 문제의 중심에 두었고, 그것을 제외한 분야 역시 인간중심문제의 해결이나 그 인간행위의 당위성을 확보하기 위한 주변문제로 파악하고 있음을 알 수 있다. 따라서 율곡에게 있어 학문이란 곧 도덕의식의 전개과정이며 도덕적 본질의 활동이라고 할 수 있다. 율곡의 교육사상 역시 유학의 기본사상과 마찬가지로 修己治人, 內聖外王이라고 하는 이상을 구현하기 위한 체계적이고 객관적인 목표를 이룩하기 위한 이론을 제시해 주고 있는 것이다.

그런데 옛날의 한문교재가 대부분 중국에서 지어진 것에 반하여 《擊蒙要訣》은 바로 우리 선조의 저서이고 내용 또한 그 어떤 책보다 충실하여, 기초한문교재로서의 유학입문서로 講文 분석, 내용연구, 출전조사 등은 물론 편집진에서 정보화작업을 하여 최선의 번역학습서가 되었다.

이 책은 책의 제목에서 알 수 있듯이 초학자들이 고전을 익히는데 도움을 주는 데 초점을 맞추어 원문에 대한 정확한 해석뿐 아니라, 가능하면 정확히 가르칠 수 있도록 본 책의 배경과 관련된 여러 가지 배경을 충분히 담으려 애썼다. 언제나 그렇듯이 책이 거의 완성된 시점에서 볼 때에는 가장 먼저 두려운 마음이 앞서는 것도 사실이다. 이 점은 앞으로 여러 선생님과 선배, 동학들의 질정을 받아 수정해 나갈 생각이다.

이 책이 나올 수 있기까지 여러 모로 배려해 주신 전통문화연구회 가족 여러분, 그리고 편집을 전담해 주신 담당 연구원님께 감사드린다. 그리고 무엇보다도 이 책이 나올 수 있었던 것은 앞서 출간된 《童蒙先習·擊蒙要訣》(성백효 역주, 전통문화연구회刊)이라는 든든한 언덕이 있었기 때문이다. 지면을 통해서나마 감사 드린다. 그리고 아울러 꾸준히 전통문화 창달에 기여해 온 전통문화연구회 李啓晃 이사장님의 높은 뜻에 경의를 표하면서 서문에 대한다.

2020년 7월 일

現龍齋에서 함현찬은 삼가 쓰다

일러두기

1. 이 책에 대하여

1) 이 책은 기초한문교재의 한 책이다.
2) 《격몽요결》은 선조宣祖 십년十年(1577) 율곡栗谷 이이선생李珥先生이 해주海州 석담石潭에서 제자들을 강학講學하기위해 지은 책이다.
3) 구성을 살펴보면 배우는 자들은 반드시 성현聖賢이 되려는 의지意志를 세워야 한다는 입지장立志章, 나쁜 습관을 버려야 한다는 혁구습장革舊習章, 올바른 몸가짐을 강조한 지신장持身章, 독서讀書 하는 방법을 제시한 독서장讀書章, 인간이 지켜야할 도리와 예절로 부모를 섬기는 사친장事親章, 상례喪禮를 논한 상례장喪禮章, 제례祭禮를 논한 제례장祭禮章, 집안을 다스리는 거가장居家章, 사람을 대하는 접인장接人章, 처세處世의 방법을 말한 처세장處世章 등 모두 십장十章으로 이루어져 있다.
4) 율곡栗谷은 우리나라 유학계儒學界의 대표인물代表人物로서 그가 지은 격몽요결은 소학小學·대학大學 등 오서五書로 들어가는 단계의 기본교양서基本教養書로 인식 되었으며, 특히 성리학파性理學派에서는 필독서必讀書로 여겨졌다.

2. 편집의 방침

1) 교수-학습의 편의를 위해 분단 문단의 윗 부분에 학습의 요어要語를 표기하였다.
2) 문장의 각 2구句마다 일련번호를 붙여 전후 관계를 살피는데 도움을 주고자 하였다.
3) 본문 좌우에 한문독해를 위한 패턴과 주요 부사어副詞語의 풀이를 제시하였다.
   (1) 《한문독해기본패턴》(본회 고전교육연구실 저)을 기준으로 패턴을 제시하고, 필요한 경우 추가로 새로운 패턴을 제시함.
4) 한자의 쓰임의 문장 구조와 이해를 돕기 위하여 가급적 직역直譯으로 풀이하였다.
   (1) 속담 등 의역意譯이 필요한 문장은 '직역과 의역'을 동시에 제시함.
   (2) 직역만으로 이해가 어려워 보충역이 필요한 경우 '〈보충역〉'의 형태로 제시함.
5) 풀이 순서, 끊어 읽기에 유의留意할 부분에는 별도 기호로 표시하였다.

(1) 직역만으로 풀이 순서의 이해가 어려운 구절은 풀이 순서를 '윗첨자'로 제시함.

(2) 읽을 때 주의가 필요한 구절에는 끊어 읽을 위치에 '작은 역삼각형(▽)'을 표기함.

6) 고유명사나 개념어를 비롯하여 한문독해에 필요한 각종 자의字義와 어휘를 주석注釋하였다.

7) 다양한 유형의 한자 학습이 가능하도록 하였다.

(1) 모양이나 의미가 비슷한 한자, 통용되는 한자 등을 제시함.

(2) 한자 자원의 풀이를 적절히 제시함.

8) 출처가 분명한 경우에 한하여 작자作者 또는 출전出典을 표시하였다.

9) 신출한자의 훈음訓音을 제시하였다.

(1) 《사자소학》과 《추구》가 가장 기초서임을 감안하여 모든 신출한자의 훈음을 제시함.

(2) 앞서 나온 한자와 쓰임이 다른 경우에는 선택적으로 제시함.

(3) 일부 훈음 뒤에는 본서에 출현하는 어휘의 반복학습이 가능하도록 하고, 일부는 기초적인 한자성어를 제시함.

10) 부록 및 독본을 첨부하였다.

(1) 부록에 한문독해를 위한 패턴의 색인과 전체 원문에 대한 낱글자 색인을 제시하였다.

(2) 연수 및 성독을 위하여 원문으로 된 독본讀本을 책의 뒷표지를 기준으로 우철右綴하여 종서縱書(세로쓰기)로 제공하였다.

11) 본서에 사용된 주요 부호符號는 다음과 같다.

" "	대화, 각종 인용
' '	" " 안에서 재인용, 강조
《 》	서명書名, 출전出典
〈 〉	편장명篇章名, 작품명作品名, 보충역補充譯
〔 〕	번역문과 음이 다른 한자 및 자구字句, 번역 뒤 인용한 원문原文
句解	독해 패턴 및 구절 해설
강조 (점)	강조
數字 (1 2)	직해 풀이 순서

3. 연수 방법

연수의 방법은 대체로 '전체를 일독一讀한 후 일정부분을 여러 번 반복해서 다독多讀하는 경우'

'처음부터 정밀히 정독精讀하는 경우'

'번역문과 주석들을 먼저 읽고 원문原文을 뜯어 보는 경우'

'관심 있는 부분을 중심으로 먼저 살펴보는 경우' 등 각자의 습관에 따라 다양하다.

그러나 아래의 몇 가지는 반드시 지켜야 독해력讀解力이 신장된다.

1) 일정부분의 원문을 몇 번 읽고 스스로 풀이해 보고 번역문, 주석 등과 비교해 본다.
   (1) 첨부된 독본 사용을 권장함. 원문을 여러 번 읽는 과정은 문장을 익숙하게 만듦.
2) 현토懸吐, 구문構文, 숙어熟語, 용례用例를 익히고 풀이된 설명을 완전히 이해하도록 한다.
3) 소리 내어서 여러 차례 성독聲讀과 쓰기를 반복한다.
   (1) 원문(수진본袖珍本)을 활용하여 최소 20회 이상 성독하고, 3회 이상 정성들여 쓸 것. 원문과 번역문을 읽고 쓰는 과정은 머리에 각인되는 효과가 있음.
4) 스마트북 기능을 이용해서 반복反復 학습한다.
   (1) 이 책은 QR코드를 통해 문장의 다양한 정보와 학습도구를 제시함.
   (2) 이를 활용하면 연관되는 많은 내용을 알 수 있고, 다양한 반복학습이 가능함.
   (3) 읽어주는 원문과 뜻풀이도 반복해서 듣고, 따라 읽으면 문리文理 터득 단축.

4. '스마트북'이란?

1) PC 및 Mobile 등 정보화 기기를 이용한 교재의 다양한 학습보완기능을 'Smartbook(스마트북)'이라 하였다. 이를 통하여 한문 연수·학습 교재의 새로운 지평을 제시하고자 한다.
2) 스마트북으로 도서의 모든 요소를 정보화하여 제공함은 물론, 그 밖의 관련자료를 추가 제공하여 학습효과에 도움을 주고자 한다.
3) 본서 스마트북의 정보제공 범위는 다음과 같다. ○:동일제공, ◎:확대제공

구분	내용	도서	스마트북	
			PC	Mobile
원문/현토	대상 원문과 현토	○	○	○
번역	번역문	○	○	○
직해 및 직해순	직해 및 번역하는 순서	○	◎	○

주석	주요 학습 어휘	○	◎	○
도판	삽화, 지도, 연표, 사적, 문물 등	○	◎	◎
음원音源	원문 및 번역문의 읽기, 듣기, 따라읽기 등		○	○
노트	프린터용 쓰기노트		○	
패턴	원문에 사용된 주요 구문構文 패턴 정보	○	◎	○
강좌	도서의 온라인 동영상 강의		○	○
책갈피	온라인 책갈피 기능		○	○
토론실	이용자의 토론공간		○	○

※ 일부 기능은 제작중이거나, 온라인 회원에 한하여 제공될 수 있음.

5. 스마트북 이용 방법

1) 본서는 각 단원별로 페이지 하단에 'QR코드'와 '단축기호'를 제공하고 있다.

2) 스마트북의 사용법은 다음과 같다.

(1) '스마트폰'을 사용할 경우 'QR코드'나 '단축주소'를 활용하여 접근한다.

※ QR코드를 이용할 때는 주요 포털 사이트의 App에서 제공되는 기능을 활용함.

(2) 'PC'를 사용할 경우 단원별로 제공된 '단축기호'를 활용하여 접근한다.

※ 단축주소 : "http://JTLink.kr/단축기호" (대소문자 무관)

목　　차

擊蒙要訣 격몽요결

序 서문

序-1 學問 五倫 五相

人生斯世에 非學問이면 無以爲人이니 所謂學問者는 亦非異常別件物事也라 只是爲父當慈하고 爲子當孝하며 爲臣當忠하고 爲夫婦當別하며 爲兄弟當友하고 爲少者當敬長하며 爲朋友當有信이니 皆於日用動靜之間에 隨事[1]各得其當而已요 非馳心[2]玄妙하여 希覬[3]奇效者也라

非A無以爲B : A가 아니면 B가 될 수(방법이) 없다
所謂A**者** : 이른바 A라는 것은
只是A : 단지 A에 지나지 않다
A**而已** : A일 뿐이다

件 건 건
隨 따를 수
馳 달릴 치
覬 바랄 기

句解 人生斯世 : '人生於斯世'에서 위치를 나타내는 조사 '於'가 생략되었다.

- 非學問 無以爲人 : '非A無以爲B'는 'A가 아니면 B가 될 수(방법이) 없다'로 풀이한다. 본래 '以爲A' 패턴은 'A가 되다, A라고 여기다, A로 삼다' 의 의미로 풀이한다.
- 亦非異常別件物事也 : '異常'은 일반적인 것이 아니라 특수한 것을 의미하고 '別件'은 일상생활과 동떨어져 있다는 뜻. '異常別件物事'는 '異常之物事'와 '別件之物事'가 합

1 隨事 : 일에 따라. 일마다.
2 馳心 : 마음이 쏠림.
3 希覬 : 바람. 희망함.

CV263

쳐진 것이므로 '別件'과 '物事' 사이에 '관형격 조사 之'가 생략되었다.

- 日用動靜之間 : '日用'은 날마다 쓴다는 뜻으로 '일상생활'을 의미하며, '動靜'은 생활 속에서 '이리저리 움직이는 행위'를 나타낸다. 줄여서 '日用之間' 또는 '日用'이라고 하거나 '日用行事之間' 따위로 쓰기도 하는데 모두 '일상생활 속'으로 번역하면 된다. '間'은 '時'나 '事'와 같은 뜻으로 쓰인다.

사람이 이 세상에 태어나서 학문이 아니면 사람이 될 수 없다. 이른바 학문이라고 하는 것은 일상생활과 벗어나 별도로 존재하는 일이 아니다. 단지 아버지가 되어서는 마땅히 〈자식을〉 사랑하고 자식이 되어서는 마땅히 〈부모에게〉 효도하며 신하가 되어서는 마땅히 〈임금에게〉 충성하고 부부가 되어서는 마땅히 〈내외를〉 구별하며 형제가 되어서는 마땅히 〈서로〉 우애하고 어린 사람이 된 자는 마땅히 어른을 공경하며 친구가 되어서는 마땅히 신의가 있어야 하니, 모두 일상생활 속에서 일에 따라 각각 그 마땅함을 얻는 것일 뿐이요 현묘玄妙한 곳에 마음이 쏠려 기이한 효력을 바라는 것이 아니다.

序-2 窮理 暴棄

豈不A哉 : 어찌 A하지 않을 수 있겠는가?

茅 띠 모
塞 막을 색
茫 아득할 망
詣 이를 예
履 밟을 리

但不學之人은 心地[4]茅塞[5]하고 識見茫昧[6]라 故로 必須讀書窮理하여 以明當行之路라야 然後에 造詣[7]得正而踐履[8]得中矣리라

今人은 不知學問이 在於日用하고 而妄意[9]高遠難

4 心地 : 마음. 地는 터전을 뜻하는 접미사.
5 茅塞 : 잡초가 자라나 길을 막음.
6 茫昧 : 뚜렷하지 않고 흐릿함.
7 造詣 : '나아가다'는 뜻에서 '학문의 방향'.
8 踐履 : 배운 것을 생활 속에서 실천하는 것.
9 妄意 : '망령되게 생각하다' 곧 '잘못 생각하다'의 뜻.

CV266

行이라 故로 推與[10]別人하고 自安暴棄하니 豈不可哀也哉아

句解 妄意高遠難行 (1 6 2 3 5 4)

- 推與別人 : '다른 사람에게 미루어 버리다'의 뜻으로, 여기서 推與는 '미루다', '주다'의 두 글자가 붙어서 '미루어 버리다'의 서술어가 된 형태이다.

다만 배우지 못한 사람은 마음이 욕심으로 가득차 식견識見이 어둡기 때문에 반드시 책을 읽고 이치를 궁구함으로써 마땅히 행해야 할 도리를 밝혀야 그런 뒤에 〈학문의〉 조예造詣가 올바름을 얻고 실천함이 중도中道에 부합될 것이다.

요즘 사람들은 학문이 일상생활 속에 있음을 알지 못하고, 망령되게 〈학문은〉 고원高遠해서 실천하기 어려운 것이라고 생각한다. 그 때문에 〈학문하는 일을〉 다른 사람에게 미루어 버리고 스스로 포기함을 편안히 여기니 어찌 슬퍼하지 않을 수 있겠는가?

〔출전〕 茅塞 : 《孟子》 〈盡心 下〉

○ 暴棄 : 《孟子》 〈離婁 上〉

10 推與 : 미루어 버리다.

序-3 海山 飭躬 接物 擊蒙要訣 立脚 因循

無以爲A : A가 될 수 없다. A할 방법이 없다?

貽 줄 이 / 끼칠 이
譏 나무랄 기
粗 거칠 조
飭 신칙할 칙 / 삼갈 칙
脚 다리 각

余定居海山之陽[11]할새 有一二學徒 相從問學하니 余慙無以爲師요 而且恐初學이 不知向方하고 且無堅固之志而泛泛請益이면 則彼此無補하고 反貽人譏라

故로 略書一冊子하여 粗敍[12]立心飭躬[13]奉親接物[14]之方하고 名曰擊蒙要訣이라하여 欲使學徒觀此하고 洗心立脚[15]하여 當日下功하고 而余亦久患因循[16]하여 欲以自警省焉하노라

丁丑季冬[17]에 德水李珥는 書하노라

句解 下功 : '下'는 하수下手, 著手의 뜻으로 '어떤 일에 손을 대다', 곧 '어떤 일을 해 나간다'는 뜻이다.

• 焉 : '於之' 또는 '之於'의 준말로 사용된다. 여기서는 '於之'의 준말로 쓰였다.

내가 해산海山의 남쪽에 거처를 정하자, 어떤(有) 한 두 명의 학도學徒들이 서로 따

11 海山之陽 : 海山은 海州를 지칭. 陽은 山의 경우는 남쪽을 지칭하고, 물의 경우는 북쪽을 지칭한다.〔山南水北曰陽〕 따라서 이 문장은 '내가 해주 남쪽에 거처를 정했다.'는 뜻이다. 예) 泰山之陽(태산의 남쪽), 漢水之北(한수의 남쪽), 漢陽(한수의 북쪽)
12 粗敍 : 거칠게 서술함.
13 飭躬 : 몸을 가다듬음. 몸을 삼감.
14 接物 : 남을 대함. 남과 대접함. 物은 자기를 제외한 존재하는 모든 것.
15 立脚 : 새롭게 출발점에 서다. 원래 立身과 같은 뜻이지만 여기서는 '일정한 처지에 서다' 또 '새롭게 출발점에 서다'는 뜻으로 '공부하는 일에 專念한다'는 뜻으로 쓰였다.
16 因循 : 새로운 공부를 하지 않고 그럭저럭 옛것을 답습하는 게으른 태도.
17 季冬 : 늦은 겨울. 12월을 뜻한다. 季는 末과 같은 뜻으로 季世라고 하면 末世라는 뜻으로 쓰인다.

CV268

라와 배우기를 요청했다. 나는 스승이 될 만한 〈자질이〉 없는 것이 부끄러웠고, 뿐만 아니라〔而且〕 처음 배우는 자들이 〈학문의 올바른〉 방향을 알지 못하고 또 견고한 뜻 없이 대충대충〔泛泛〕 배우고서 더 〈가르쳐 주기를〉 요구한다면 피차간에 도움 됨이 없고 도리어 남의 비웃음을 살까 두려웠다.

그 때문에 간략하게 책 한 권을 써서 뜻을 세우고, 몸을 가다듬고, 어버이를 봉양하고, 사람을 대하는 방법을 거칠게나마 서술하여 이름을 《격몽요결擊蒙要訣》이라고 하여, 학도들이 이를 보고 마음을 깨끗하게 씻고 새롭게 출발하여 그날로 공부에 착수하게 하고, 나 또한 오랫동안 그럭저럭 옛것을 답습하는 태도를 근심했는데, 이로써 스스로 경계하고 반성하고자 한다.

정축년(1577) 늦 겨울에 덕수德水 이이李珥는 쓰노라

【해설】 간결한 서문이지만 유학이 지향하는 학문관을 잘 드러내 주는 부분이다. 학문의 목적은 경험적 지식을 축적하는 데 그치는 것이 아니라 사람으로서 마땅히 해야 할 일을 실천하는 데 있음을 강조하고 있다. 여기서 사람이 마땅히 해야 할 일이란 다름 아닌 자慈, 효孝, 충忠, 별別, 우友, 경敬, 신信과 같은 일상생활 속의 도리이다. 따라서 학문이 높다거나 낮다는 평가도 모두 이와 같은 인간의 도리를 제대로 실천하느냐 아니냐를 기준으로 이루어졌다.

立志章第一 제 1장 뜻을 세우는 의미

1-1 立志 衆人 本性 孟子 性善 堯舜

不可A : A해서는 안 된다
豈可不A乎 : 어찌 A하지 않을 수 있겠는가?
以爲A : A가 되다. A로 여기다(삼다)

託 부탁할 탁 / 맡길 탁
雖 비록 수
粹 순수할 수
駁 얼룩말 박 / 섞일 박
增 불을 증 / 더할 증
毫 가는털 호
欺 속일 기
哉 어조사 재

初學이 先須立志하되 必以聖人自期하여 不可有一毫自小退託之念[1]이니라

蓋衆人與聖人이 其本性則一也라 雖氣質은 不能無淸濁粹駁之異나 而苟能眞知實踐하여 去其舊染[2]而復其性初면 則不增毫末而萬善具足矣리니 衆人이 豈可不以聖人自期乎아

故로 孟子道性善하시되 而必稱堯舜以實之曰 人皆可以爲堯舜이라하시니 豈欺我哉시리오

句解 自期 : 自가 타동사의 목적어로 쓰일 경우 동사의 앞에 위치한다.

처음 배우는 사람은 우선 모름지기 뜻을 세우되, 반드시 성인聖人이 되겠다고 스스로 기약하여, 털끝만큼이라도 자신을 작게 여겨서 물러나거나 핑계 대려는 생각을 가져서는 안 된다.

1 自小退託之念 : 自小之念과 退託之念이 합쳐진 것으로 自小之念은 '스스로의 자질을 낮게 평가하는 것'을 말하며 退託之念은 '물러 나고 핑계 대는 소극적인 태도'를 나타낸다.
2 舊染 : 옛날에 물든 나쁜 습관. 오래전부터 물들어 있는 좋지 못한 풍속.

CV271

대개 보통사람이나 성인은 그 본성은 하나이다. 비록 기질은 맑고 흐림과 순수하고 잡됨의 차이가 없을 수 없지만, 만약 참되게 알고 실천해서 옛날에 물든 나쁜 습관을 버리고 그 본성의 처음을 회복할 수 있다면 털끝만큼도 보태지 않더라도 모든 선善이 넉넉히 갖추어질 것이니, 보통사람이라고 해서 어찌 성인을 스스로 기약하지 않을 수 있겠는가?

그 때문에 맹자께서는 성선설性善說을 말씀(道)하시면서 반드시 요임금과 순임금을 일컬어 실증하시며 "사람은 모두 요임금이나 순임금처럼 될 수 있다."고 말씀하셨으니, 어찌 우리를 속이셨겠는가?

【출전】 孟子道性善 而必稱堯舜 :《孟子》〈滕文公 上〉

○ 人皆可以爲堯舜 :《孟子》〈告子 下〉

【해설】 학문의 목적을 밝히고 있는 내용이다. 유학의 가르침은 전체 공동체를 안정적으로 유지하고, 그렇게 함으로써 개인과 공동체가 함께 존립할 수 있는 조화로운 공존의 길을 모색한다. 그 때문에 처음 배움의 길에 들어서는 사람에게 학문의 이로움이나 실용성이 어디에 있다고 유용성을 알려주기 보다는 학문을 통해 최종적으로 이루어야 할 목적이 무엇인지부터 강조한다. 율곡은 초학자들을 위한 입문서인 이 책의 첫머리에서 "자신의 뜻을 세우되 반드시 성인을 스스로 기약해야 한다."는 말로 시작한 것이다.

1-2 奮發 顔淵

當常自奮發曰 人性本善하여 無古今智愚之殊어늘 聖人은 何故獨爲聖人이며 我則何故獨爲衆人耶아 良由志不立하고 知不明하며 行不篤耳라 志之立과 知之明과 行之篤이 皆在我耳니 豈可他求哉리오 顔淵曰 舜何人也며 予何人也오 有爲者 亦若是라하시니 我亦當以顔之希舜爲法이니라

以A爲B : A를 B로 삼다
A를 B로 생각하다

奮 떨칠 분
殊 다를 수 / 죽일 수
篤 도타울 독
顔 얼굴 안
淵 못 연

CV275

句解 自奮發曰 : 曰은 반드시 말한다는 뜻이 아니라 '생각해야 한다'는 뜻으로 스스로 다짐하는 의미이다

- 志之立 知之明 行之篤 : 之는 타동사와 목적어가 도치되었음을 나타내는 구실을 한다.
- 皆在我耳 : 耳는 단정형 종결사로. 'A耳'는 'A일 뿐이다'로 번역하는 것이 무난하다.

마땅히 항상 스스로 분발하여 "사람의 본성은 본래 선善하여 옛날과 지금, 지혜로움과 어리석음의 차이가 없거늘, 성인은 무슨 까닭에 홀로 성인이 되었으며, 나는 무슨 까닭에 홀로 보통사람이 되었는가? 이는 진실로 뜻이 확립되지 못하고 아는 것이 분명하지 못하며 행실이 독실하지 못함을 말미암은 것일 뿐이다. 뜻을 확립하는 것과 아는 것을 분명히 하는 것과 행실을 독실하게 하는 것이 모두 나에게 달려 있을 뿐이니, 어찌 다른 데서 구할 수 있겠는가? 안연顔淵은 '순임금은 어떤 사람이며, 나는 어떤 사람인가? 훌륭한 행동을 하는 자는 또한 순임금과 같다'고 말씀하셨으니, 나 또한 마땅히 안연이 순임금이 되기를 바란 마음가짐을 본보기로 삼아야 한다."고 생각해야 한다.

【출전】顔淵曰 … 亦若是 : 《孟子》〈滕文公 上〉

【해설】이 부분은 사람은 누구나 성인의 자질을 지니고 있다는 유학의 인간관을 잘 드러내고 있다. 유학에서 보면 사람은 누구나 태어날 때 똑같이 착한 본성을 타고나므로 이 본성을 잘 발현시키면 누구나 성인이 될 수 있다. 그런데 성인이 될 수 있는 길을 막는 것은 바로 기질이다. 하지만 기질이 본성을 가린다 하더라도 본성 그 자체는 타고난 그대로 밝음을 유지하고 있기 때문에 누구든지 기질만 변화시키면 본래의 성을 회복하여 성인이 될 수 있다.

1-3 虛靈 稟受

人之容貌[3]는 不可變醜爲姸이며 膂力[4]은 不可變弱爲强이며 身體는 不可變短爲長이니 此則已定之分이라 不可改也어니와 惟有心志는 則可以變愚爲智하며 變不肖爲賢이니 此則心之虛靈[5]이 不拘於稟受[6]故也라

莫美於智하며 莫貴於賢이어늘 何苦而不爲賢智하여 以虧損天所賦之本性乎아 人存此志하여 堅固不退면 則庶幾乎道矣리라

A之B : A의 B
不可A : A할 수 없다
A於B : B에 A하다
莫A於B : B보다 더 A한 것은 없다
庶幾乎A : 거의 A일 것이다

醜 추할 추
姸 고울 연
膂 등골뼈 려
肖 닮을 초
虛 빌 허
靈 신령 령
拘 잡을 구
稟 줄 품 / 품부할 품
虧 이지러질 휴
損 덜 손
賦 줄 부 / 세 부
堅 굳을 견
幾 기미 기

句解 惟有心志 : 惟는 '오직~만은' 이고, 有는 의미 없이 들어간 것이므로 해석하지 않는 것이 좋다.

- 可以變愚爲智 : '可以A'는 '有以A'와 같이 'A할 수 있다'는 뜻으로 가능을 나타낸다.

사람의 용모는 추한 것을 바꾸어 예쁘게 만들 수 없으며, 체력은 약한 것을 바꾸어 강하게 할 수 없으며, 신체는 짧은 것을 바꾸어 길게 할 수 없다. 이것들은 〈타고나면서부터〉 이미 결정된 분수인지라 변화시킬 수 없다. 그러나 오직 심지心志만은 어리석은 것을 바꾸어 슬기롭게 할 수 있으며, 불초한 것을 바꾸어 어질게 할 수 있다. 이것은 마음의 허령虛靈한 지각능력이 태어날 때 부여받은 기질에 구애되지 않기 때

3 容貌 : 용모. 원래 容은 '얼굴', 貌는 '몸 전체'를 나타내지만 여기서는 사람의 얼굴 생김새를 의미한다.

4 膂力 : 체력. 무거운 물건을 들어 올리는 힘. 곧 육체적인 힘을 의미한다.

5 虛靈 : 마음의 지각 활동을 의미하는데 구체적인 모습이 없다는 점에서 虛라고 표현했고 사물을 인식할 수 있는 靈明한 능력을 갖추고 있다는 뜻에서 靈이라고 표현한 것이다.

6 稟受 : 인간이 태어나면서 부여받은 기질로서 本性과는 달리 사람마다 다르기 때문에 지혜로움과 어리석음·어짊과 불초함의 차이가 있다.

CV277

문이다.

슬기로움보다 더 아름다운 것이 없으며, 어짊보다 더 귀한 것이 없거늘 무엇이 괴로워서 어짊과 슬기로움을 실천하지 아니하여 하늘이 부여한 본성을 훼손하는가? 사람들이 이와 같은 뜻을 〈마음속에〉 보존하여 굳게 지켜 물러서지 않는다면 거의 도에 가까울 수 있을 것이다.

1-4 爲仁 因循 度日

所A乎B : B를 A하는 까닭
A故也 : A 때문이다
豈有所A哉 : 어찌 A할 바가 있겠는가

遲 더딜 지
猶 오히려 유
恐 두려울 공
窮 다할 궁
就 이룰 취 / 나아갈 취

凡人이 自謂立志하되 而不卽用功[7]하고 遲回等待者는 名爲立志나 而實無向學之誠故也라

苟使吾志로 誠在於學이면 則爲仁由己라 欲之則至니 何求於人이며 何待於後哉리오

所貴乎立志者는 卽下工夫하여 猶恐不及하여 念念[8]不退故也라 如或[9]志不誠篤하여 因循[10]度日[11]이면 則窮年[12]沒世[13]인들 豈有所成就哉리오

句解 苟使吾志 : 苟는 若과 같이, 만일 또는 만약으로 해석한다.

- 所貴乎立志 : 所以貴乎立志에서 以가 생략된 형태이다. 所以A者는 'A 하는 까닭'.
- 猶恐不及 : 猶는 '오히려, 여전히'라는 뜻이고 恐은 '아마도'와 같이 부사로 쓰일 때도 있지만 여기서는 '염려하다, 두려워하다'는 뜻으로 동사이다.

7 用功 : 원래는 힘을 쓰다는 뜻인데 여기서는 공부하다는 뜻.
8 念念 : 항상 마음속으로 생각함.
9 如或 : 만약 혹시라도.
10 因循 : 그럭저럭 답습함. 因과 循은 모두 따른다는 뜻.
11 度日 : 날을 보냄, 세월을 보냄.
12 窮年 : 수명을 다함.
13 沒世 : 죽음.

CV279

무릇 사람들이 스스로 뜻을 세웠다고 말하되, 곧바로 공부하지 않고 미적거리면서 〈뒷날을〉 기다리는(等待) 까닭은 명분으로는 뜻을 세웠다고 하지만 실제로는 배움을 향한 정성이 없기 때문이다.

만일 나의 뜻으로 하여금 진실로 배움에 있게 한다면 인仁을 실천하는 일은 자기에게 말미암는 것이어서 〈인을 실천〉하고자 하면 〈인이 곧바로〉 이르게 되니, 어찌 남에게서 구하며 어찌 후일을 기다리겠는가?

입지立志를 귀하게 여기는 까닭은 〈입지를 확고히 하면〉 곧바로 공부에 착수하여 오히려 미치지 못할까 염려해서 항상 〈공부할 것을〉 항상 생각하고 물러서지 않게 되기 때문이다. 만약 혹시라도 뜻이 성실하거나 독실하지 못하여 그럭저럭 옛 습관을 답습하면서 세월만 보낸다면 수명을 다하여 세상을 마친들 어찌 성취하는 바가 있겠는가?

【출전】 爲仁由己 欲之則至 : 《論語》 〈顔淵〉, 《論語》 〈述而〉

《논어》 〈안연〉에서 "인을 실천하는 것은 나로부터 말미암는 것이지 다른 사람으로부터 말미암는 것이겠는가!(爲仁由己 而由人乎哉)"라고 한 대목과, 《논어》 〈술이〉에서 "인이 멀리 있는가? 내가 인을 바라면 인이 이른다(仁遠乎哉 我欲仁 斯仁至矣)"고 한 대목을 합쳐서 만든 문장이다.

또 《논어집주論語集註》에도 "정자가 말했다. '仁을 실천하는 것은 나로부터 말미암는 것이니 내가 그것을 바라면 인이 이른다. 그러니 어찌 멂이 있겠는가!'(程子曰 爲仁由己 欲之則至 何遠之有)"라고 한 대목이 보인다.

【해설】 이 문단은 도덕관념과 인간 주체의 관계를 밝히는 내용이다. 인仁이란 유학사상儒學思想에서 최고의 가치를 가진 개념이다. 공자孔子의 도道를 한 마디로 말하라고 하면 그것은 곧 인仁이라고 말할 수 있으며, 공자는 평생 동안 인仁 하나만을 주장했다고 해도 과언이 아니다. 유학에서 추구하는 仁은 사람의 본질, 곧 사람이 사람일 수 있는 근거로 인을 실천하는 것은 사람다움을 실천하는 것이라고 할 수 있다. 곧 사람(人)이 사람다움(仁)을 실천하는 것이 유학의 도道인 셈이다.

革舊習章第二 제 2장 낡은 습관을 버려라

2-1 舊習

沮 막을 저
敗 깨뜨릴 패
條 조목 조
勵 힘쓸 려
痛 아플 통
絶 끊을 절

人雖有志於學이나 而不能勇往直前하여 以有所成就者는 舊習[1]이 有以沮敗之也라 舊習之目을 條列如左하노니 若非勵志痛絶이면 則終無爲學之地[2]矣리라

句解 人雖有志於學 : 志는 단독으로 쓰일 때는 '~에 뜻을 두다'의 동사로 쓰이지만 여기서처럼 동사 有와 같이 쓰일 때는 명사로 쓰인다.

- 如左 : 다음과 같이. 아래와 같이. '如後, 如下' 등과 같다.

사람이 비록 학문에 뜻을 두었다 하더라도 용감하게 가서 곧장 전진하여 〈학문을〉 성취하지 못하는 까닭은 구습舊習이 〈학문하겠다는 결심을〉 가로막고 무너뜨리기 때문이다. 구습에 해당하는 항목을 조목별로 다음과 같이 열거하였으니, 만약 뜻을 더욱 굳게 세워 뼈아프게 끊어 버리지 않는다면 끝내 학문을 할 터전이 없어지게 될 것이다.

【해설】 배움에 뜻을 두었음에도 불구하고 배움을 성취하는 이는 많지 않은 까닭은 나태했던 평소의 생활 태도를 버리지 못하고 답습하는 데 있다. 그 때문에 그와 같은 구습을 끊어 버려야 함을 강조하고 있다. 이는 이제 막 배움에 뜻을 둔 초학자에게는 학문의 기초를 수립하는 방법을 직접 알려 주기보다는 오히려 배움에 방해가 되는 요소를 알려 줌으로써

CV282

1 舊習 : 낡은 습관. 부정적인 생활태도.
2 爲學之地 : 地는 학문을 할 수 있는 터전, 곧 기초·바탕을 말한다.

스스로 학문을 대하는 태도를 갖출 수 있도록 지도하는 것이 보다 절실하다고 생각했기 때문이다.

2-2 流俗 剽竊 浮藻

其一은 惰其心志하고 放其儀形[3]하여 只思暇逸하여 深厭拘束[4]이요 其二는 常思動作하여 不能守靜하고 紛紜出入하여 打話度日이요 其三은 喜同惡異[5]하여 汨於流俗[6]하여 稍欲修飭이나 恐乖於衆이요 其四는 好以文辭[7]로 取譽於時하여 剽竊[8]經傳하여 以飾浮藻[9]요

A於B : B를 A하다
A以B : B함으로써 A하다
A以B : A하여 B하다

惰 게으를 타
儀 거동 의
暇 한가할 가
逸 편안할 일
厭 싫을 염
汨 빠질 골
乖 어그러질 괴
剽 도둑질할 표
竊 훔칠 절
藻 마름 조 / 말 조

句解 放其儀形 : 放은 '함부로 한다'는 뜻이고 儀形은 몸가짐.

- 紛紜出入 : 紛과 紜은 모두 실타래가 어지럽게 얽혀 있는 모양을 형용한 글자인데, 여기서는 出入을 수식하는 부사로 쓰였다.
- 打話度日 : 打는 話에 붙는 보조 동사. 打食이라고 하면 밥을 먹는다는 뜻이다.
- 稍欲修飭 : 稍는 정도를 나타내는 부사로 쓰였는데, '점점, 조금씩'이라는 뜻으로 쓰인다.

---

3 儀形 : 용모. 생김새.

4 只思暇逸 深厭拘束 : 暇逸은 느긋하고 편안하게 지낸다는 뜻이고 深厭의 深은 정도를 나타내는 부사로 甚과 같다.

5 喜同惡異 : 남과 똑같아지는 것을 좋아하고, 남과 다름을 싫어한다는 뜻으로, 同은 附和雷同의 뜻에 더 부합한다.

6 流俗 : 유행하는 풍속. 時俗.

7 好以文辭 : 文辭는 經學 또는 理學(성리학)이 아니라는 점에서 문학을 지칭하는데 여기서는 부정적인 의미로 쓰였다.

8 剽竊 : 남의 創作物의 내용을 허락 없이 몰래 취하여 자기 創作物에 제 것으로 삼아 이용하는 것. 盜用.

9 以飾浮藻 : 浮藻는 원래 물 위에 떠가는 부평초처럼 한 번 가면 다시 오지 않는 일시적인 가치를 뜻하는데 여기서는 당시에 유행하는 문체를 좇는 쓸데없는 문장이라는 뜻으로 쓰였다.

CV284

첫째는, 자신의 심지心志를 게을리 하고 몸가짐을 함부로〔放〕 해서, 단지 한가하고 편안하기만을 생각하여 구속당하기를 매우 싫어하는 것이요. 둘째는, 항상 동작할 것을 생각하여 고요함을 지키지 못하고, 어지럽게 드나들고 수다나 떨면서 세월을 보내는 것이요. 셋째는, 〈남과〉 부화뇌동附和雷同하는 것을 좋아하고 다른 것을 싫어하여 유행하는 풍속에 빠져 조금 행실을 닦고 삼가려 하다가도 남들과 괴리될까 두려워하는 것이요. 넷째는, 문장이나 말재주로 당시 세상에서 이름나기를 좋아해서, 경전의 내용을 표절剽竊해서 쓸데없이 화려하기만 한 문장을 꾸미는 것이요.

2-3 嗜慾

A於B : B를 A하다
以爲A : A라고 여기다

棋 바둑 기
競 다툴 경
歆 탐낼 흠
羨 부러워할 선
薄 엷을 박 / 박할 박
嗜 즐길 기
蔗 사탕 자

其五는 工於筆札하고 業於琴酒하여 優游卒歲하여 自謂清致요 其六은 好聚閒人하여 圍棋局戲하여 飽食終日하여 只資爭競이요 其七은 歆羨富貴하고 厭薄貧賤하여 惡衣惡食을 深以爲恥요 其八은 嗜慾[10]無節하여 不能斷制하여 貨利聲色을 其味如蔗니라

(句解) 工於筆札 : 工은 원래 '工巧로움' 곧 '기술이 뛰어난 것'을 의미하는데 여기서는 '~에 힘을 쓰다'는 뜻으로 쓰였다. 筆札은 원래 붓과 종이를 지칭하는데 의미가 확장되어 붓글씨나 글짓기, 글재주, 그림, 편지를 의미하기도 한다. 여기서는 글 짓는 일을 지칭.

- 只資爭競 : 資는 의지한다는 뜻이지만 여기서는 '~에 보태다'는 뜻으로 쓰였다.
- 嗜慾無節 : 어순상 無節嗜慾이라고 써야 하지만 부정문이기 때문에 목적어〔嗜慾〕와 서술어〔無節〕가 도치되었다.

다섯째는, 글씨만 쓰거나 편지 쓰는 일에만 힘을 기울이고, 거문고 타기와 술 마시는 것을 업으로 삼아 편안하게 놀면서 세월을 보내며 스스로는 깨끗한 운치韻致라고

CV288

10 嗜慾 : 즐기고 좋아하는 慾心. 嗜好의 욕심.

여기는 것이요. 여섯째는, 한가한 사람을 모아 바둑이나 장기를 두고, 하루 종일 배불리 먹으면서 단지 남과 다투는 데만 힘을 쓰는 것이요. 일곱째는, 부귀를 부러워하고, 가난하고 천한 것을 싫어해서 남루한 옷과 거친 음식 먹는 것을 몹시 부끄럽게 여기는 것이요. 여덟째는, 즐기고 좋아하는 욕심을 절제함이 없어 끊거나 억제하지 못해서 재물의 이익을 챙기거나 음악과 여색에 빠져 그 맛을 사탕처럼 달게 여기는 것이다.

【출전】飽食終日 : 《論語》〈陽貨〉

○ 惡衣惡食 : 《論語》〈里仁〉

2-4 毫髮 舊染

習之害心者 大概如斯하니 其餘는 難以悉擧라 此習이 使人志不堅固하고 行不篤實하여 今日所爲를 明日難改하고 朝悔其行이라가 暮已復然하나니 必須大奮勇猛之志하여 如將一刀하여 快斷根株하고 淨洗心地하여 無毫髮餘脈하며 而時時每加猛省之功하여 使此心無一點舊染之汚然後에 可以論進學之工夫矣리라

A之B者 : A중에서 B하는 것. 전하여 B하는 A

使AB : A로 하여금 B하게 하다

句解 習之害心者 : 일반적으로 '습관 중에서 마음 수양을 해치는 것'으로 해석하지만, 고투이고, '마음 수양을 해치는 습관'으로 해석하는 것이 자연스럽다. 대부분의 'A之B者' 구조로 된 문장 패턴이 그러하다.

- 大槪如斯 : 如斯는 '이와 같다'는 뜻으로 '如此, 如是' 등과 같다.
- 難以悉擧 : 難以는 '~하기 어렵다'는 뜻인데 '無以, 不可以' 등과 같이 '~할 수 없다'는 뜻으로 쓰인다. 悉擧는 모두 '거론한다'는 뜻.

cv175186

- 行不篤實 : 使人行不篤實의 준말. 앞 문장에 使人이 있기 때문에 생략했다.
- 必須 : '반드시 ~해야 한다'는 뜻인데 뒤의 無一點舊染之汚에까지 걸린다.
- 如將一刀 : 將은 '~을 가지고'라는 뜻으로 以와 같은 용법으로 쓰였다. 一刀가 將의 목적어가 된다.

마음의 수양을 해치는 습관이 대개 이와 같으니, 그 나머지는 이루 다 거론擧論하기 어렵다. 이러한 습관이 사람의 뜻을 견고하지 못하게 하고, 행실을 독실篤實하지 못하게 해서, 오늘 저지른 일을 내일 고치기 어렵고, 아침에는 그 행실을 뉘우치다가도 저녁이면 벌써 다시 그 짓을 하게 되는 것이다. 반드시 용맹스런 뜻을 크게 분발해서 마치 칼을 가지고 단칼에 뿌리를 깨끗이 끊어 버리듯이 하고, 마음을 깨끗이 씻어 내어 털끝만치라도 남은 맥이 없게 하며, 항상 늘 크게 반성하는 공부를 더해서 이 마음으로 하여금 한 점이라도 옛날에 물든 더러움이 없게 한 뒤에야 학문에 나아가는 공부를 논할 수 있을 것이다.

【출전】舊染之汚 : 《大學》〈1章〉 朱子註

【해설】구습舊習에 해당하는 내용을 여덟 가지 조목條目으로 나누어 설명하고 있는데, 바로 이러한 잘못된 습관이 사람의 뜻을 견고하게 하지 못하고, 또한 같은 잘못을 반복해서 저지르게 한다. 따라서 이러한 구습의 뿌리까지 단칼에 베어, 털끝만큼이라도 남은 맥이 없게 해서 마음을 깨끗하게 씻어 내어 구습에 물든 더러움이 없게 해야 한다. 그래야만 비로소 학문에 나아가는 공부를 논할 수 있다는 것을 말하고 있다.

持身章第三 제 3장 올바른 몸가짐을 갖는 방법

3-1 誠心 世俗 基址 忠信 朱子

學者必誠心向道하여 不以世俗雜事로 亂其志然後에 爲學有基址[1]라 故로 夫子[2]曰 主忠信[3]이라하시니 朱子[4]釋之曰 人不忠信이면 事皆無實하여 爲惡則易하고 爲善則難이라

故로 必以是爲主焉이라하시니 必以忠信爲主而勇下工夫然後에 能有所成就니 黃勉齋[5]所謂眞實心地 刻苦[6]工夫兩言이 盡之矣로다라

以A爲B : A를 B로 삼다

雜 섞일 잡
亂 어지러울 란
基 터 기
址 터 지
釋 풀 석
難 어려울 난
齋 재계할 재
刻 새길 각

句解 必以是爲主焉 : 是는 忠과 信을 지칭한다. 焉은 종결사로 쓰였다.

1 基址 : 基址는 원래 집을 짓기 위한 基礎를 뜻하는데 여기서는 학문을 위한 터전, 바탕, 기초라는 뜻으로 쓰였다.

2 夫子 : 일반적으로 제자의 스승에 대한 호칭, 또는 학자나 연장자에 대한 존칭인데, 주로 공자를 가리키는 경우가 많다.

3 主忠信 : 忠과 信은 모두 진실한 태도를 뜻하는데, 충은 자기 자신에 대한 진실성이고 신은 타인에 대한 진실성이다.

4 朱子(1130~1200) : 中國 南宋의 유학자. 이름은 熹, 자는 元晦, 호는 晦庵. 朱子는 존칭이다. 주자학을 집대성하였다.

5 黃勉齋(1152~1221) : 중국 南宋 福州 閩縣사람. 이름은 幹이며 字는 直卿, 勉齋는 그의 호이다. 시호는 文肅이다..

6 刻苦 : 몹시 애씀, 대단히 힘들임, 고생을 참아 내다.

CV294

• 勇下工夫 : 下는 下手, 곧 '着手한다'는 뜻.

배우는 자는 반드시 진실한 마음으로 도를 향하여 세속의 잡된 일로 자신의 뜻을 어지럽히지 않은 뒤에야 학문을 함에 기초가 있게 된다.

그러므로 부자(공자)께서 말씀하시기를, "충忠과 신信을 주主로 삼아야 한다."고 하셨는데, 주자께서 이를 해석하여 말씀하시기를, "사람에게 충과 신이 없으면 하는 일이 모두 진실함이 없어서 악을 저지르기는 쉽고 선을 실천하기는 어렵다. 그러므로 반드시 이를 주主로 삼아야 하는 것이다."고 하셨으니, 반드시 충과 신을 주主로 삼고 용감하게 공부에 착수한 뒤에야 성취하는 바가 있을 것이다.

면재勉齋 황간黃幹의 이른바 "마음을 진실하게 하고 각고의 노력을 기울여 공부하라."는 두 마디 말씀이 그 뜻을 다하였다고 할 것이다.

【출전】主忠信 :《論語》〈學而〉를 비롯하여 세 곳에 보인다.

【해설】배우는 사람들이 가져야 할 태도는 우선 신중하고 조심성 있는 태도이다. 신중하지 않고 경거망동하면, 학문이 진척되지 못하고 경건성과 성실성을 실천하지 못하여 삶이 깊어지지 못하고 가볍게 된다. 다른 사람에게 감명을 줄 수 없음은 말할 나위도 없다. 따라서 배우는 사람들이 학문을 완성하기 위한 구체적인 내용은 본문에 나와 있는 것처럼 충忠과 신信을 중심으로 생각하고 행동하는 일이다.

3-2 夙興夜寐 輕忽 放過

常須夙興夜寐하여 衣冠必正하고 容色必肅하여 拱手[7]危坐[8]하고 行步安詳하며 言語愼重[9]하여 一動一靜[10]을 不可輕忽苟且[11]放過니라

不可A : A해서는 안 된다

夙 일찍 숙
興 일어날 흥
寐 잠잘 매
肅 엄숙할 숙
拱 두 손 맞잡을 공
危 발 위
愼 삼갈 신
忽 소홀히 할 홀

句解 不可輕忽 : 不可는 '~해서는 안 된다'는 뜻. 원래 輕은 무게가 가볍다는 뜻이고 忽은 잠깐의 시간을 뜻하지만 여기서는 '가볍게 여긴다'는 뜻으로 쓰였다.

항상 반드시 일찍 일어나고 밤늦게 자서 의관을 반드시 바르게 하고, 얼굴빛을 반드시 엄숙하게 하여 두 손을 모으고 무릎 꿇고 앉으며, 걸음걸이를 편안하고 조심스럽게 하며, 언어를 신중히 하여 일동일정一動一靜을 경솔하고 소홀히 하면서 구차스럽게 지나쳐 버려서는 안 된다.

【해설】 근면한 생활 태도와 함께 단정하고 신중한 몸가짐을 지녀야 한다고 강조하고 있는 내용이다. 특히 직접 농경에 종사하지 않는 학자계층일수록 나태해지기 쉽다. 그 때문에 일찍 일어나고 늦게 자는 부지런함을 실천하고, 몸가짐과 갈을 삼감으로써 항상 신중하게 행동해야 함을 강조하고 있다.

7 拱手 : 전통 예절에서는 일반적으로 손을 앞으로 맞잡아 공손한 자세를 취하는데, 이를 拱手라 한다.

8 危坐 : 꿇어 앉음. 危는 跪와 통용.

9 言語愼重 : 원래 言은 스스로 말하는 것(自言曰言)이고 語는 남이 물을 때 대답하는 것(答述曰語)을 지칭하지만 대체로 통용한다.

10 一動一靜 : 모든 동작. 때로는 움직이고, 때로는 조용히 함.

11 苟且 : 소홀히 하다. 그럭저럭 되는대로 하다. 대강대강 해치우다.

CV299

3-3 九容 九思

莫A於B : B보다 A한 것은 없다
所謂A者 : 이른바 A라는 것은
不可A : A해서는 안 된다

斂 거둘 렴
趨 달릴 추
慢 게으를 만
弛 늦출 이
睫 속눈썹 첩
瞻 볼 첨
眄 애꾸눈 면
睇 흘길 체
噦 딸꾹질 얼
咳 기침 해

收斂身心은 莫切於九容이요 進學益智는 莫切於九思하니 所謂九容者는 足容重하며〔不輕擧也 若趨于尊長之前 則不可拘此〕手容恭하며〔手無慢弛 無事則當端拱不妄動〕目容端하며〔定其眼睫 視瞻當正 不可流眄邪睇[12]〕口容止하며〔非言語飮食之時 則口常不動〕聲容靜하며〔當整攝形氣[13] 不可出噦咳等雜聲〕頭容直하며〔當正頭直身 不可傾回偏倚〕氣容肅하며〔當調和鼻息[14] 不可使有聲氣[15]〕立容德하며〔中立不倚 儼然[16]有德之氣像〕色容莊이니라〔顔色整齊[17] 無怠慢之氣〕

句解 莫切於九容 : 於는 '~보다 더'로 비교를 나타내는 조사로 쓰였다. '莫A於B' 패턴 참조.

- 所謂九容者 : 所謂A者는 특정 용어를 설명하기 위한 형식으로, 일반적으로 '이른바 A라고 하는 것은'이라고 해석한다
- 趨于尊長之前 : 于는 '~에, ~에서'로 위치를 나타내는 조사로 於와 같이 쓰인다.
- 不可拘此 : 不可拘於此條 곧 이 조목에 구애되지 않아야 한다는 뜻으로 풀이하면 이해하기 쉽다

12 流眄邪睇 : 流는 흘겨보는 것, 眄은 한쪽 눈을 감는 것, 邪는 눈동자를 바로 하지 않고 한쪽으로 치우치는 것, '睇'는 상대를 똑바로 보지 않고 한눈 파는 것을 의미한다.
13 形氣 : 形氣는 원래 몸에서 발출되는 기운을 말하지만 여기서는 숨 쉴 때나 말할 때 몸에서 나는 여러 가지 소리를 의미한다.
14 鼻息 : 鼻息은 콧숨, 곧 호흡을 의미하는데 때로 코고는 소리를 뜻하기도 한다. 예) 鼻息如雷 : 코고는 소리가 천둥과 같음.
15 聲氣 : 숨 쉴 때 나는 소리를 의미한다.
16 儼然 : 겉 模樣이 莊嚴하고 엄숙한 모양.
17 整齊 : 整齊는 원래 질서와 조리가 있는 모양을 뜻한다.

CV300

- 無事則當端拱 : 無事는 '無事時, 則'은 대부분의 경우 '만약 ~한다면'으로 조건을 표시하지만 여기서는 '~일 경우에는'과 같이 처리하는 것이 자연스럽다.

몸과 마음을 거두어들이는 방법은 구용九容보다 더 친절한 것이 없고, 배움을 진보시키고 지혜를 더하는 방법은 구사九思보다 더 절실한 것이 없다. 이른바 구용九容이라는 것은, 발의 움직임을 무겁게 하고, 〔가볍게 거동하지 않음이다. 어른 앞에서 종종걸음으로 걸을 적에는 이 조목에 구애받지 않아도 된다.〕 손 모양을 공손히 하고, 〔손을 함부로 늘어뜨리지 않음이다. 일이 없을 때는 마땅히 단정히 손을 모으고 함부로 움직이지 않는다.〕 눈 모양을 단정히 하고, 〔눈동자를 안정시켜 마땅히 시선을 바르게 할 것이요, 흘겨보거나 훔쳐보아서는 안 된다.〕 입은 꼭 다물고, 〔말을 하거나 음식을 먹을 때가 아니면 입은 항상 움직이지 않는다.〕 목소리는 조용히 하고, 〔마땅히 형기를 가다듬어 딸꾹질이나 기침 등 잡소리를 내서는 안 된다.〕 머리는 곧게 세우고, 〔마땅히 머리를 바르게 세우고 몸을 곧게 해야 하며 삐딱하게 돌리거나 한쪽으로 치우치게 해서는 안 된다.〕 숨쉬기는 조용하게 하고, 〔호흡을 고르게 하여 소리가 나게 해서는 안 된다.〕 서 있는 모양은 덕스럽게 하고, 〔똑바로 서고 비스듬히 기울지 않아서 엄숙하게 덕스러운 기상을 지녀야 한다.〕 얼굴 모양을 장엄하게 하는 것이요. 〔얼굴빛을 단정히 하여 태만한 기색이 없어야 한다.〕

3-4 頃刻 座隅

所謂九思者는 視思明하며 〔視無所蔽 則明無不見〕 聽思聰하며 〔聽無所壅 則聰無不聞〕 色思溫하며 〔容色和舒 無忿厲之氣〕 貌思恭하며 〔一身儀形 無不端莊〕 言思忠하며 〔一言之發 無不忠信〕 事思敬하며 〔一事之作 無不敬愼〕 疑思問하며 〔有疑于心 必就先覺審問 不知不措〕 忿思難[18]하며

無不A : A하지 않음이 없다
不可A : A해서는 안 된다

壅 막을 옹
厲 사나울 려
懲 징계할 징

18 忿思難 : 忿은 義理之憤과 상대되는 말로 血氣之忿 또는 一朝之忿을 뜻하는데 혈기를 참지 못하여 일어나는 분노와 일시적인 분노를 뜻한다. 難은 혈기를 참지 못하고 그릇된 행동을 했을 경우에 일어날 수 있는 어려움을 의미한다.

〔有忿必懲[19] 以理自勝〕 見得思義[20]니라 〔臨財 必明義利之辨[21] 合義然後取之〕

常以九容九思로 存於心而檢其身하여 不可頃刻[22]放捨요 且書諸座隅하여 時時寓目이니라

句解 無不端莊 : 無不A는 'A하지 않음이 없다'는 뜻인데 이와 같은 이중부정은 강한 긍정을 나타낸다.

- 不知不措 : 不知는 알지 못하는 일. 不措의 措는 내버려 두다, 방치하다는 뜻.
- 放捨 : 放과 捨는 모두 내버려 둔다는 뜻인데, 여기서는 몸과 마음을 단속하지 않고 내버려 둔다는 뜻으로 쓰였다.
- 且書諸座隅 : 且는 문장 중간에 나올 때는 '또, 뿐만 아니라' 등으로 쓰인다. 書諸座隅는 書之於座隅의 준말로 여기서 之는 앞의 '九容과 九思'를 지칭하는 대명사이다.

이른바 구사九思라는 것은, 볼 때는 분명하게 볼 것을 생각하고, 〔사물을 볼 때 시선에 가리는 바가 없으면 분명하여 보지 못하는 것이 없다.〕 들을 때는 분명히 들을 것을 생각하고, 〔들을 때 막히는 바가 없으면 분명하여 듣지 못하는 것이 없다.〕 얼굴빛은 온화하게 할 것을 생각하고, 〔얼굴빛을 온화하고 부드럽게 하여 화를 내거나 사나운 기색이 없어야 한다.〕 용모는 공손할 것을 생각하고, 〔일신의 태도가 단정하고 씩씩하지 않음이 없게 한다.〕 말은 진실하게 할 것을 생각하고, 〔한 마디 말이라도 진실하지 않음이 없게 한다.〕 일은 경건하게 할 것을 생각하고, 〔한 가지 일이라도 경건하고 삼가지 않음이 없게 한다.〕 의심이 나면 질문할 것을 생각하고, 〔마음속에 의심이 있으면 반드시 선각자에게 나아가 자세히 물어서 모르는 것을 그대로 내버려 두지 않는다.〕 분할 때는 환난을 생각하고, 〔분이 나면 반드시 징계하여 이치로써 스스로 이겨 내야 한다.〕 얻을 것을 보면 의리를 생각하는 것이다. 〔재물을 마주했을 때는 반드시 義와 利를 분명히 구분하여, 의에 부합된 뒤에야 취한다.〕

항상 구용과 구사를 마음속에 붙잡아 두어 자기 몸을 단속하여 잠깐 동안이라도

19 有忿必懲 : 懲은 징계한다는 뜻인데, 여기서는 억제한다는 의미로 쓰였다.
20 見得思義 : 得은 利와 같다.
21 義利之辨 : 義는 올바른 도리, 利는 재물을 탐내는 마음을 의미한다.
22 頃刻 : 暫時, 잠깐 동안, 눈 깜박할 동안. 극히 짧은 시간.

CV301

놓아 버리지 말 것이요, 또 이것을 앉는 자리의 귀퉁이에 써 붙여 놓고 때때로 눈을 붙여 보아야 할 것이다.

【출전】九容 :《禮記》〈玉藻〉

○ 九思 :《論語》〈季氏〉

○ 不知不措 :《中庸》20장章

【해설】유학에서 말하는 학문의 목표는 단순하게 정보나 지식을 배워서 암기하고 기억하는 것이 아니다. 유학의 학문의 목표는 배워서 성인이 되는 데 있으며 성인이 되는 학문의 구체적인 내용은 곧 학문을 하여 인仁을 터득하는 것이라고 할 수 있다. 인仁을 터득하는 방법에는 두 가지가 있으니 하나는 몸과 마음을 경건한 상태르 유지함으로써 인仁을 상실하는 요소를 제거하는 것이며, 다른 하나는 사리를 잘 분별하그 따져서 인간의 본성이 무엇인지를 아는 것인데, 여기서 말하는 구용九容과 구사九思가 바토 그것이다.

3-5 非禮勿視 非禮勿聽 非禮勿言 非禮勿動

非禮勿視 非禮勿聽 非禮勿言 非禮勿動 四者는 修身之要也라 禮與非禮를 初學이 難辨이니 必須窮理而明之하여 但於已知處[23]에 力行之면 則思過半[24]矣리라

예가 아니면 보지 말며, 예가 아니면 듣지 말며, 예가 아니면 말하지 말며, 예가 아니면 움직이지 말라는 네 가지 조목은 몸을 수양하는 요점이다. 예와 예가 아닌 것을 처음 배우는 이가 분별하기 어려우니, 반드시 이치를 궁구하여 이것을 밝혀서 다만 이미 아는 부분을 힘써 실천한다면 생각하여 깨닫는 것이 반을 넘을 것이다.

【출전】非禮勿視 非禮勿聽 非禮勿言 非禮勿動 :《論語》〈顔淵〉

○ 思過半矣 :《周易》〈繫辭 下〉

23 已知處 : 已知之處의 준말로 이미 알고 있는 부분, 곧 초학자가 이미 알고 있는 올바른 도리를 뜻한다.

24 思過半 : 생각이 반은 지나감. 곧 절반은 저절로 알게 된다는 뜻.

CV303

【해설】 이른바 사물四勿(네 가지 하지 말아야 할 행위)을 통해서 자신을 수양해야 함을 강조하고 있다. 사물이란 《논어論語》에서 공자가 안연에게 일러 준 인仁을 이루는 구체적인 조목으로, 예가 아니면 보지도 듣지도 말하지도 행동하지도 말라는 네 가지 수양 방법이다. 인仁을 이루는 방법은 우선 예禮를 철저하게 실천하는 것이다. 공자가 안연에게 예의 실천을 강조한 것을 보면 예를 배워서 실천하는 것이 배움의 일차적인 목표라는 것을 알 수 있다.

3-6 爲學

在於A : A에 있다

執 잡을 집

爲學[25]이 在於日用行事之間하니 若於平居[26]에 居處恭하며 執事敬하며 與人忠이면 則是名爲學이니 讀書者는 欲明此理而已니라

句解 讀書者 : 讀書 앞에 所以가 생략되어 있다.

학문을 하는 것은 일상적으로 행하는 일 속에 있으니, 만약 평소 생활할 때에 거처함을 공손히 하고, 일을 집행하기를 경건히 하고, 남과 함께 할 때 진실하면, 이것을 이름하여 학문이라 하는 것이니, 책을 읽는 것은 이 이치를 밝히고자 하는 것일 뿐이다.

【출전】 居處恭 執事敬 與人忠 : 《論語》 〈子路〉

【해설】 목적과 수단이 전도되는 현상은 여러 가지가 있겠지만 그중에서 책을 읽는 목적이 오로지 책 속의 지식을 습득하는 데 있는 것처럼 착각하는 것이 대표적인 경우라 할 수 있다. 여기서는 예란 배움의 구체적인 대상이며, 동시에 기본적으로는 일상생활 속에서 마땅한 도리를 실천하는 것이며 그 방법이 바로 책을 읽는 것이라고 밝힘으로써 독서인 계층이 흔히 빠질 수 있는 폐단을 지적하였다.

CV305

25 爲學 : 학문을 해 나가는 구체적인 내용을 의미한다.
26 於平居 : 平居는 平居之時의 준말.

3-7 學問 心術 威儀

衣服은 不可華侈[27]라 禦寒而已요 飮食은 不可甘美[28]라 救飢而已요 居處는 不可安泰[29]라 不病而已니 惟是學問之功 心術之正[30] 威儀之則[31]은 則日勉勉[32]而不可自足也니라

A而已(矣) : A일 뿐이다

華 화려할 화
禦 막을 어
則 법칙 칙

의복은 화려하거나 사치스러움을 추구해서는 안 된다. 추위를 막을 정도면 그만이고, 음식은 달고 맛있기를 추구해서는 안 된다. 굶주림을 면할 정도면 그만이고, 거처는 편안함을 추구해서는 안 된다. 병들지 않을 정도면 그만이다. 오직 학문하는 힘과 마음을 수양하는 올바른 방법과 몸가짐을 단속하는 법칙은 날마다 부지런히 힘써, 스스로 만족해서는 안 된다.

【해설】 배움을 추구하는 사람과 그렇지 않은 사람의 차이는 어디에서 찾아야 하는가? 이 문단에 의하면 배우는 사람은 물질적인 욕망을 최소한으로 절제할 줄 아는 사람이다. 그 때문에 사람이면 누구나 가지고 있는 의식주에 대한 욕망도 화려하거나 사치스러운 것을 추구하지 않아야 한다.

27 華侈 : 華侈는 華侈之服으로 화려하고 사치스러운 의복을 지칭한다.
28 甘美 : 甘美는 甘美之物로 맛있는 음식물을 의미한다.
29 安泰 : 安泰는 安泰之處, 곧 편안한 거주지를 뜻한다.
30 心術之正 : 正은 正道, 곧 올바른 방법을 뜻한다.
31 威儀之則 : 威儀는 몸가짐, 則은 법칙, 법도의 뜻으로 이때는 '칙'이라고 읽는다.
32 日勉勉 : 勉勉은 부사로 '부지런히' 노력한다는 뜻. 日은 日日로 '날마다, 항상'의 뜻.

CV306

3-8 克己 天理

所謂A者 : 이른바 A라고 하는 것은

檢 단속할 검
察 살필 찰
譽 기릴 예
宦 벼슬 환
宴 잔치 연
痛 아플 통
脈 맥 맥

克己[33]工夫 最切於日用[34]하니 所謂己者는 吾心所好[35] 不合天理之謂也라 必須檢察吾心이 好色乎[36]아 好利乎[37]아 好名譽乎[38]아 好仕宦乎[39]아 好安逸乎[40]아 好宴樂乎아 好珍玩乎[41]아하여 凡百所好[42]若不合理[43]어든 則一切痛斷하여 不留苗脈[44]然後에야 吾心所好 始在於義理하여 而無己可克矣리라

句解 所謂己者 : 克己의 己를 설명하기 위한 강조문이다.

- 不合天理之謂 : 謂不合天理를 도치시킨 것으로, 이때의 之는 목적어와 서술어가 도치되었음을 나타내 주는 구실을 한다.
- 一切痛斷'에서 一切은 긍정문에서는 '일체'로 읽지만 여기서는 '일절 ~하지 않는다'는 뜻이므로 '일절'로 읽는다.
- 始在於義理 : 在는 合과 같이 '~에 부합되다'는 뜻.
- 無己可克矣 : 己可克은 可克之己, 곧 극복할 만한 대상이 되는 사욕을 뜻하는데 앞

33 克己 : 己는 극복의 대상이 되는 개인의 私慾, 곧 이기적 욕망을 뜻한다.
34 最切於日用 : 切은 緊切, 곧 중요하다는 뜻. 日用은 日用之間, 곧 일상생활 속이라는 뜻.
35 吾心所好 : 내가 추구하는 물욕을 의미하며 그중에는 천리에 부합되는 것도 있고 그렇지 않은 것도 있는데 천리에 부합되지 않는 이기적 욕망을 己라고 규정한 것임을 설명한 내용이다.
36 好色乎 : 有好色之心乎를 줄인 말.
37 好利乎 : 有好利之心乎를 줄인 말.
38 好名譽乎 : 有好名譽之心乎를 줄인 말.
39 好仕宦乎 : 有好仕宦之心乎를 줄인 말.
40 好安逸乎 : 有好宴樂之心乎를 줄인 말.
41 好珍玩乎 : 有好珍玩之心乎를 줄인 말.
42 凡百所好 : 凡百은 諸般과 같이 모든 사람 또는 모든 사물을 뜻하는데 여기서는 자신이 가진 모든 욕망을 지칭한다.
43 若不合理 : 理는 앞에 나온 不合天理의 天理를 뜻한다.
44 苗脈 : 일의 실마리. 일의 단서.

CV307

에 부정을 나타내는 無字가 붙었기 때문에 도치된 것이다. 矣는 종결사.

자기(己)의 사욕을 이기는 공부가 일상생활 속에서 가장 절실하다. 이른바 기己라는 것은 내 마음이 좋아하는 것이 천리天理에 부합하지 않는 것을 말한다. 반드시 내 마음이 여색을 좋아하는가, 이익을 좋아하는가, 명예를 좋아하는가, 벼슬하기를 좋아하는가, 편안하게 지내기를 좋아하는가, 잔치하고 즐기기를 좋아하는가, 진귀한 보배를 좋아하는가를 조사하고 살펴서, 여러 가지 좋아하는 것이 만일 이치에 부합하지 않거든, 일절 통렬히 끊어서 실마리를 남겨 두지 않은 뒤에야 내 마음이 좋아하는 것이 비로소 의리에 있게 되어서 이겨야 할 사욕이 없게 될 것이다.

【출전】克己 : 《論語》〈顔淵〉

【해설】극기克己란 원래 《논어論語》 극기복례克己復禮에서 나온 말이다. 극기복례의 기己는 극복의 대상이 되는 개인의 사사로운 욕심을 뜻하며 예禮는 공동체를 유지하는 데 필요한 사회적 가치 내지는 사회적으로 공인된 규범을 의미한다. 따라서 극기복례는 자신의 사사로운 욕심을 극복하고 예로 돌아간다는 뜻으로, 개개인의 사익을 충족시키려는 욕망을 억제하고 자신의 행위를 공동체 전체의 공익 내지는 사회적으로 공인된 규범에 부합되도록 하는 것을 의미한다.

3-9 靜坐 存心 接人 擇言 簡重

多言多慮[45] 最害心術[46]하니 無事[47]則當靜坐存心[48]하고 接人[49]則當擇言簡重하여 時然後言[50]이면 則言不得不簡이니 言簡者近道니라

不得不A : A하지 않을 수 없다

術 꾀 술

擇 가릴 택

45 多慮 : 잡념이 많은 것을 뜻한다.

46 最害心術 : 最害於心術의 준말. 心術은 마음을 수양하는 공부를 뜻한다. 이 경우처럼 術, 功, 法 등을 통용하는 경우가 많다.

47 無事 : 於無事時의 준말.

48 靜坐存心 : 靜坐는 가만히 앉아서 정신을 집중하는 수행 방법을 의미하며, 存은 操存으로 마음을 놓아 버리지 않고 붙잡아 둔다는 뜻이다.

49 接人 : 於接人之時의 준말.

50 時然後言 : 時는 말할 때를 뜻한다.

CV309

말이 많고 생각이 많은 것은 마음을 수양하는 데 가장 해롭다. 일이 없으면 마땅히 고요히 앉아서 마음을 보존하고, 사람을 만날 때는 마땅히 말을 가려서 간략히 하고 신중히 하여, 때에 맞은 뒤에 말하면 말이 간략하지 않을 수 없을 것이니 말이 간략한 자가 도에 가깝다.

【출전】時然後言 :《論語》〈憲問〉

【해설】말을 신중하게 해야 함을 강조하는 대목이다. 말재주를 천시하는 경향은 유학의 경우 특히 두드러진다. 오히려 말을 잘 못하는 것이 인仁에 가깝다고 강조하기도 한다. 말을 잘 하고 얼굴빛을 잘 꾸며서 남에게 잘 보이려고 하는 것은 남과 나를 구별하여 내가 남보다 잘 되려고 하는 욕심에 기인하기 때문에, 남을 나처럼 여기는 인자仁者는 그렇게 하지 않는다.

3-10 法服 法言 德行

道 말할 도
膺 가슴 응

非先王之法服[51]이어든 不敢服하며 非先王之法言[52]이어든 不敢道하며 非先王之德行이어든 不敢行이니 此當終身服膺[53]者也니라

句解 不敢服 : 服은 입는다는 뜻의 동사로 쓰였다.

• 不敢道 : 道는 말한다는 뜻의 동사로 쓰였다.

선왕의 법도에 맞는 옷이 아니면 감히 입지 아니하며, 선왕의 법도에 맞는 말이 아니면 감히 말하지 아니하며, 선왕의 덕행이 아니면 감히 행하지 않을 것이니, 이것은 마땅히 몸을 마칠 때까지 가슴속에 넣어 두어야 할 것이다.

51 法服 : 예법의 규정에 따라 등급별로 제정된 복식.

52 法言 : 법도가 되어 본받을 만한 말.

53 終身服膺 : 終身은 몸을 마침, 곧 죽는다는 뜻이지만 여기서는 죽을 때까지 평생 동안이라는 뜻으로 쓰였다. 服膺은 가슴속에 깊이 새긴다는 뜻으로 服은 붙인다(著 붙일 착)는 뜻이고, 膺은 가슴, 마음속을 나타낸다.

CV310

【출전】非先王之法服 … 不敢行 :《孝經》 經1章

○ 服膺 :《中庸》 8장章

【해설】《효경孝經》에 나오는 구절을 인용하면서 선왕이 제정한 복식과 행위와 말을 본받아야 함을 강조하고 있다. 원칙과 규칙을 중시하는 유학의 특성상 이처럼 이미 검증받은 것들을 높이 평가하는 것은 당연한 귀결이라고 할 수 있다.

3-11 向道 整容 淸心 奸聲 亂色

爲學者一味向道[54]하여 不可爲外物所勝이니 外物之不正者를 當一切不留於心하여 鄕人會處에 若設博奕[55]樗蒲等戱어든 則當不寓目하여 逡巡[56]引退[57]하고 若遇倡妓作歌舞어든 則必須避去요 如値鄕中大會하여 或尊長强留하여 不能避退어든 則雖在座나 而整容淸心하여 不可使奸聲亂色으로 有干於我라

不可A : A해서는 안 된다
爲A所B : A에 의해 B하는 바 되다
A之B者 : A 중에서 B한 것

勝 이길 승
博 넓을 박
奕 바둑 혁 / 클 혁
樗 가죽나무 혁
蒲 부들 포
戱 놀 희
逡 뒷걸음칠 준
巡 돌 순
倡 여광대 창
妓 기생 기
舞 춤출 무
避 피할 피
整 가지런할 정

句解 不可爲外物所勝 : '爲A所B' 패턴의 문장으로, 'A에 의해 B하는 바 되다, A에 의해 B되어지다'의 뜻으로 피동을 나타내는 표현이다. 外物은 외부의 물욕을 의미한다.

• 外物之不正者 : 외물 중에서 올바르지 않은 것. 여기서 之는 '~중에서'로 번역하는 것이 자연스럽다.

---

54 一味向道 : 一味는 원래 하나의 맛, 좋은 맛을 의미하지만 여기서는 부사로 '오로지, 외곬으로'의 뜻으로 쓰였다. 道는 학문의 목적 곧 성인이 되는 길이다.

55 博奕 : 博은 局戱로 장기 놀이나 雙六 놀이(주사위 놀이의 일종)를 뜻하는데 때로는 노름한다는 뜻으로 쓰인다. 奕은 바둑.

56 逡巡 : 뒷걸음질. 뒤로 멈칫멈칫 물러남. 어떤 일을 斷行하지 못하고 우물쭈물함.

57 引退 : 물러나옴. 벼슬자리에서 물러남, 職務를 그만 두고 물러나는 일.

CV311

- 如値鄕中大會 : 如는 '만약'으로 앞의 若과 같은 구실을 한다. 値는 '맞닥뜨리다'는 뜻으로 앞의 遇와 같다. 大會는 '사람이 많이 모인 것'을 의미한다.
- 有干於我 : 干은 干犯으로 '침범하다'는 뜻. 有는 干에 붙는 보조 동사.

배움을 추구하는 이는 한결같이 도를 향하여 외물에 의해 이김을 당하지 않아야 할 것이니, 외물 중에서 바르지 못한 것은 마땅히 일절 마음에 두지 않아야 한다. 고을 사람들이 모인 곳에서 만일 장기나 바둑, 저포 같은 놀이를 벌여 놓았거든 마땅히 눈을 붙여 보지 말고 뒷걸음질 쳐 물러나고, 만일 기생들이 노래하고 춤추는 것을 만나면 반드시 피해 가야 할 것이요, 만일 고을의 사람이 많이 모이는 상황을 만나 혹 존장이 억지로 만류하여 피해 물러갈 수 없으면, 비록 그 자리에 있을지라도 용모를 단정히 하고 마음을 맑게 하여 간사한 소리와 음란한 색으로 하여금 나를 침범함이 있지 않게 할 것이다

【출전】博奕 :《論語》〈陽貨〉
○ 樗蒲 :《抱朴子》〈外篇·百里〉

3-12 動止 安詳 儀

不可A : A해서는 안 된다

浹 적실 협
洽 적실 흡
喧 떠들 훤
譁 시끄러울 화
粗 거칠 조

當宴飮酒에 不可沈醉요 浹洽[58]而止 可也니라 凡飮食은 當適中이니 不可快意有傷乎氣며 言笑는 當簡重이니 不可喧譁以過其節이며 動止는 當安詳[59]이니 不可粗率以失其儀[60]니라

58 浹洽 : 무젖어 들다. 물이 물건을 적시듯이 널리 고루 전해짐. 화목하게 사귐.
59 動止 當安詳 : 動止는 문자 그대로 풀이하면 '움직임과 그침'을 나타내지만 두 글자 모두 사람의 동작을 표현한 것이므로 '움직임'으로 번역하는 것이 무난하다. 安詳은 거동이 침착하고 조심스러운 것을 나타낸 것이다.
60 粗率以失其儀 : 粗率은 거칠고 경솔하다는 뜻. 儀는 威儀, 곧 몸가짐을 뜻한다.

句解 **有傷乎氣** : 너무 많이 먹어서 氣脈을 손상시키는 것을 말한다. 有는 역시 傷에 붙는 보조 동사.

잔치를 만나 술을 마실 때에는 빠지도록 취해서는 안 되고, 술기운이 무젖으면 그만 마시는 것이 옳다. 모든 음식은 마땅히 알맞게 먹어야 할 것이니, 뜻대로 실컷 먹어서 기를 손상시키지 말 것이며, 말과 웃음은 마땅히 간략하고 신중히 해야 할 것이니, 시끄럽게 떠들면서 절도를 넘어서지 말 것이며, 행동거지는 마땅히 편안하고 조심스럽게 해야 할 것이니, 거칠고 경솔하게 하여 몸가짐을 잃어서는 안 된다.

【해설】 일체의 잡기를 경계해야 할 대상으로 보고 절대 하지 말아야 함을 강조하고 있는 내용이다. 이와 같은 잡기는 여색이나 도박, 술 따위에 집중되어 있는데 대체로 물욕에 이끌려가는 태도를 부정적으로 파악한 것이다. 외물에 지게 되어서는 안 된다는 표현에서 알 수 있듯이 주체심을 상실하고 외물의 유혹에 끌려가는 수동적인 태도는 학문에 방해가 된다고 생각한 것이다.

3-13 誠 窮理 敬 直內

有事則以理應事[61]하고 讀書則以誠窮理하여 除二者外엔 靜坐收斂此心하여 使寂寂[62]無紛起之念하고 惺惺[63]無昏昧之失이 可也니 所謂敬以直內者如此니라

以AB : A로 B하다
所謂A者 : 이른바 A라고 하는 것은

應 응할 응
除 덜 제
寂 고요할 적
紛 어지러울 분
惺 깰 성

일이 있으면 사리대로 일을 처리하고, 책을 읽을 때는 진실한 마음가짐으로 이치를 궁구해야 한다. 이 두 가지를 제외하고는 조용히 앉아 이 마음을 거두어들여서, 〈마음으로 하여금〉 고요하고 고요하여 어지럽게 일어나는 잡념이 없

61 以理應事 : 理는 事理. 應은 일을 처리한다는 뜻.
62 使寂寂 : 使와 寂寂 사이에 此心이 생략되었다.
63 惺惺 : 역시 惺惺 앞에 使此心이 생략되었다.

CV314

게 하며, 정신을 바짝 차려서 어두워지는 실수가 없게 하는 것이 옳으니, 이른바 경으로써 마음을 곧게 한다는 것이 이와 같이 하는 것이다.

【출전】 敬以直內 :《周易》〈坤卦·文言傳〉

【해설】 경을 통해서 자신을 수양해야 한다고 강조하고 있다. 경敬은 흔히 주일무적主一無適(마음을 한 곳에 집중하여 다른 곳에 돌리지 않음)으로 표현되는데 일종의 정신적 긴장 상태를 유지함으로써 내면을 수양하는 방법이다. 즉 한 곳에만 마음을 기울일 뿐이지, 동시에 다른 곳에다가 주의를 분산시키지 않는다는 뜻이다. 따라서 허튼 생각을 해서는 안 되며, 자신의 마음에 생각을 집중시켜서 생각이 이리저리로 뻗쳐 나가지 못하도록 하라는 말이며, 이러한 방식으로 오래도록 수양을 지속해 나가면 저절로 천리에 밝아진다는 것이다.

3-14 身心 處幽 處獨 青天白日

表 겉 표
裏 속 리
幽 그윽할 유
顯 나타날 현

當正身心하여 表裏[64]如一이니 處幽如顯[65]하며 處獨如衆[66]하여 使此心如青天白日[67]을 人得而見之니라

마땅히 몸과 마음을 바르게 하여 겉과 속이 한결같게 하여야 할 것이니, 깊숙한 곳에 있더라도 드러난 곳에 있는 것처럼 하고, 혼자 있더라도 여럿이 있는 것처럼 하여, 이 마음으로 하여금 푸른 하늘의 밝은 해를 사람들이 모두 볼 수 있는 것처럼 하여야 한다.

【출전】 青天白日 :《近思錄》〈觀聖賢類〉

【해설】 참된 학문은 남에게 보이기 위해서 하는 것이 아니라 자기 자신의 완성을 위해서 하는 것이다. 다른 사람과 함께 있을 때는 조심스럽게 행동하더라도 혼자 있을 때에는 함부로

64 表裏 : 表裏는 겉과 속, 안과 밖, 때로 옷의 겉감과 안감을 의미하는데 여기서는 사람의 행동과 내심을 비유한 것이다.

65 處幽如顯 : 處幽如處顯의 준말.

66 處獨如衆 : 處獨如處衆의 준말.

67 使此心如青天白日 : 人得而見之는 사람들이 푸른 하늘에 떠 있는 해를 보는 것처럼 분명하게 내 마음을 알 수 있게 함. 곧 행동과 내심의 일치를 통해서 이루어야 할 이상적인 모습을 이렇게 표현한 것이다.

CV315

행동하게 되는 것은 인지상정이다. 배우는 사람은 이와 같은 병통을 극복하여 혼자 있을 때라도 다른 사람과 함께 있을 때와 다름이 없도록 노력하야 한다. 그러므로 학문하는 사람은 홀로 있을 때에도 도리에 어그러짐이 없도록 몸가짐을 바로 하고 언행을 삼가야 되는 것이다.

3-15 不義 不辜 胸中

常以行一不義 殺一不辜[68]而得天下라도 不爲底意思로 存諸胸中이니라

殺 죽일 살
辜 허물 고
底 밑 저 / 어조사 저
胸 가슴 흉

句解 存諸胸中 : 諸는 之於 또는 於之의 준말. 之於의 之는 앞의 뜻(하지 않겠다는 뜻)을 지칭하는 대명사이고 於는 '~에'로 위치를 나타내는 조사.

• 不爲底意思 : 底는 '~의, ~하는'에 해당하는 관형격 조사.

항상 한 가지라도 의롭지 못한 일을 행하거나, 한 사람이라도 죄 없는 사람을 죽여서 천하를 얻을 수 있다 하더라도 하지 않겠다는 뜻을 가슴속에 두고 있어야 한다.

【출전】行一不義 殺一不辜而得天不爲 :《孟子》〈公孫丑 上〉

【해설】원칙과 이상을 기준으로 정치 이론을 펼치는 유학儒學에서는 아무리 뛰어난 공을 이루었다 하더라도 불의不義한 방법으로 이룬 것이라면 높이 평가하지 않는다.

맹자孟子는 공자孔子의 문하에서는 제나라 환공이나 진나라 문공의 일을 말하지 않았다고 하여 패업을 이룬 제나라 환공과 진나라 문공을 높이 평가하지 않았다. 또 공자의 문하에서는 오척동자도 오패를 일컫는 것을 수치스러워했다는 동중서董仲舒의 말 또한 같은 맥락에서 비롯된 것이다.

68 行一不義, 殺一不辜 : 不義는 不義之事로 도리에 맞지 않는 일을, 不辜는 不辜之人으로 곧 무고한 사람을 뜻한다.

CV316

3-16 居敬 力行

A以B : A로써 B하다

踐 밟을 천

業 업 업

居敬以立其本[69]하며 窮理以明乎善하며 力行以踐其實이니 三者는 終身事業也니라

句解 窮理以明乎善 : 理는 올바른 도리. 乎는 '~을/를'에 해당하는 목적격 조사. 도리를 궁구함으로써 善을 분명히 안다는 뜻이다.

경敬을 실천함으로써 근본을 확립하고, 이치를 궁구함으로써 선을 밝히고, 힘써 행함으로써 그 진실을 실천하여야 하니, 이 세 가지는 죽을 때까지 해야 할 사업이다.

【출전】居敬以立其本 窮理以明乎善 :《近思錄》〈爲學類〉

【해설】거경居敬은 경을 실천한다는 말로 정신적인 긴장 상태를 유지한다는 뜻이며, 심신이 긴장되고 순수한 상태를 유지함으로써 덕성德性을 함양함을 이른다. 궁리窮理는 이치를 궁구한다는 뜻인데, 이른바 격물치지格物致知이며, 그 방법으로서는 박학博學·심문審問·신사愼思·명변明辨·독행篤行을 들었다. 거경과 궁리는 사람의 두 발과 같이 함께 있어야 비로소 인仁을 실현할 수 있다. 따라서 역행이란 말할 것도 없이 이 두 가지를 힘써 실천한다는 뜻이다.

3-17 思無邪 毋不敬

邪 간사할 사

毋 말 무

揭 걸 게 / 들 게

壁 벽 벽

臾 잠깐 유

思無邪 毋不敬只此二句는 一生[70]受用이라도 不盡이니 當揭諸壁上하여 須臾[71]不可忘也니라

句解 只此二句 : 只는 부사로 '오직, ~일 뿐'으로 惟나 但과 같이 바로 뒤에 오는 명사를 한정한다.

• 揭諸壁上 : '思無邪 毋不敬' 두 구절을 써서 벽에 붙인다는 뜻. 壁上은 壁面과 같은

69 居敬以立其本 : 居敬은 敬에 머문다는 뜻인데 이때의 居는 居仁(仁을 실천함)의 경우와 마찬가지로 실천한다는 뜻이다. 本은 心, 立은 正立의 뜻. 敬을 통해서 마음을 바로잡는다는 뜻이다.

70 一生 : 一生은 平生.

71 須臾 : 須臾는 斯須, 頃刻 등과 같이 아주 짧은 시간을 뜻한다.

CV318

뜻이다. 諸는 之於의 준말.

"생각에 부정함이 없다."는 것과 "공경하지 아니치 말라."는 오직 이 두 구절만은 일생토록 받아 쓰더라도 다하지 않을 일이니, 마땅히 이것을 벽에 써 붙여서 잠깐 동안이라도 잊어서는 안 된다.

【출전】思無邪 :

《시경詩經》〈노송魯頌·경駉〉에 나오는 구절로 원래의 뜻은 말을 모는 것을 표현한 것으로 시詩에 대한 논평과는 관련이 없다. "정강이가 흰 말도 있고 두 눈이 흰 말도 있으니 수레에 묶음에 건장하고 또 건장하다. 생각함에 부정함이 없으니 말을 생각하면 말이 가는구나.(有驔有魚 以車祛祛 思無邪 思馬斯徂)" 그런데 《논어論語》〈위정爲政〉에서 공자가 《시경詩經》 전체를 한 마디로 규정하면서 이 구절을 인용하였는데 이로 인해 시詩를 통해서 성정性情을 올바르게 함양한다는 뜻으로 쓰이기 시작했다. "시경 삼백 편을 한 마디 말로 덮어 말한다면 생각에 부정함이 없다고 말할 수 있다.(子曰 詩三百 一言以蔽之 曰 思無邪)"

○ 毋不敬 :《禮記》〈曲禮 上〉

【해설】 사무사思無邪는 시詩의 중요성을 강조한 것이고 무불경毋不敬은 예禮의 중요성을 강조한 것이다. 공자는 아들 백어伯魚에게 시와 예를 반드시 배워야 한다고 가르쳤다. 그 이유는 시를 통해서 성정을 바르게 함양할 수 있고 예를 통하서 자신을 확립할 수 있다고 생각했기 때문이다.

3-18 點檢 斃而後已

頻 자주 빈
孜 힘쓸 자
怠 게으를 태
斃 죽을 폐

每日에 頻自點檢[72]하여 心不存乎[73]아 學不進乎[74]아 行不力乎[75]아하여 有則改之하고 無則加勉하여 孜孜[76]毋怠하여 斃而後已[77]니라

매일 자주 스스로 점검하되 마음을 보존하지 않은 적이 있었던가, 학문이 진전되지 않음이 있었던가, 행실을 힘쓰지 않음이 있었던가 반성하여, 있으면 그것을 고치고 없으면 더 힘써서, 부지런히 힘써서 게을리하지 말아서 죽은 뒤에야 그만둘 것이다.

【출전】有則改之 無則加勉 :《論語》〈學而〉
○ 斃而後已 :《論語》〈泰伯〉

【해설】죽은 다음에야 그만둔다는 표현에서 알 수 있듯이 여기서 강조하는 배움은 요즘처럼 일정 과정을 마치고 그만두는 방식의 형식적인 절차가 아니다. 따라서 더 이상 배울 것이 없다는 말은 성립할 수 없다. 평생 동안 스스로 반성하고 또 실천함으로써 지속되어야만 하는 기나긴 자기 수양의 과정이 곧 배움이기 때문이다.

72 點檢 : 點檢은 하나하나 대조하면서 검사한다는 뜻인데 여기서는 자신의 행동을 자세하게 반성한다는 뜻이다.
73 心不存乎 : 心不存之時乎의 준말.
74 學不進乎 : 學不進之時乎의 준말.
75 行不力乎 : 行不力之時乎의 준말.
76 孜孜 : 부지런히 힘씀.
77 斃而後已 : 斃는 死와 같다. 已는 그만둔다는 뜻.

CV319

讀書章第四

제 4장 책 속에서 느끼는 성현의 향기와 글 읽는 자세

4-1 存心 窮理 明善 入道 用心 善惡

學者常存此心[1]하여 不被事物所勝이요 而必須窮理明善[2]然後에 當行之道[3] 曉然在前[4]하여 可以進步라

故로 入道莫先於窮理하고 窮理莫先乎讀書하니 以聖賢用心之迹과 及善惡之可效可戒者 皆在於書故也니라

被A所B : A에게 B하는 바 되다
可以A : A할 수 있다
莫A於(乎)B : B보다 A 한 것이 없다
A之B者 : A 중에서 B한 것

被 입을 피 / 덮을 피
勝 이길 승
曉 깨달을 효 / 새벽 효

句解 不被事物所勝 : '사물이 이기는 바가 되지 아니 한다'는 뜻으로, '爲A所B'와 마찬가지로 '被A所B'도 'A에게 B하는 바 되다'는 수동형 문장이다. 事物은 外物, 곧 외부의 물욕에 마음이 지게 되어서는 안 된다는 뜻이다.

- 可以進步 : 可以는 有以와 같이 '~할 수 있다'는 뜻.

1 常存此心 : 此心은 자신의 마음을 뜻하며 存은 마음을 놓아 버리지 않고 붙들어 둔다〔操存〕는 뜻이다.

2 窮理明善 : 窮은 窮究事物之理, 明善은 明乎善의 줄인 말이다. 곧 도리를 궁구하여 선이 무엇인지 분명히 안다는 뜻.

3 當行之道 : 앞에 나왔던 當行之路, 또는 當行之理, 當然之理, 當然之則 등과 같이 마땅히 실천해야 할 도리, 법칙을 뜻한다.

4 曉然在前 : 曉然은 부사로 '환하게, 분명하게'에 해당. 在前의 前은 目前이고 在는 現存으로 눈앞에 나타난다는 뜻이다.

CV320

- 入道莫先於窮理 : 莫은 강한 부정을 표시하며 於는 비교를 나타내는 어조사. 窮은 窮究한다는 뜻.
- 窮理莫先乎讀書 : 窮理는 책을 읽는 것보다 먼저 할 것이 없음. 乎는 앞의 於와 마찬가지로 비교를 나타내는 어조사이다.
- 善惡之可效可戒者 : 善惡 중에서 본받을 만한 것과 경계할 만한 것. 곧 善行 중에서 본받을 만한 것(可效之善行), 그리고 惡行 중에서 경계할 만한 것(可戒之惡行)으로 可效可戒於善惡者로 해도 같은 뜻인데, 그보다는 'A之B者' 패턴으로 보아 'A 중의 B한 것' 보다는 'B한 A'로 보는 것이 자연스럽다.

배우는 자는 항상 이 마음을 보존하여 사물에게 이김을 당하지 않게 하고, 반드시 이치를 궁구하여(窮理) 선을 밝힌 뒤에야 마땅히 실천해야 할 도리가 분명하게 앞에 나타나게 되어서 진보할 수 있다.

그러므로 도道에 들어감은 이치를 궁구하는 것보다 먼저인 것이 없고, 이치를 궁구함은 책을 읽는 것보다 먼저인 것이 없으니, 성현들께서 마음을 쓴 자취와 본받을 만하고 경계할 수 있는 선과 악이 모두 책에 쓰여 있기 때문이다.

【출전】入道莫先於窮理 窮理莫先乎讀書 : 《朱子讀書法》卷1 〈綱領〉, 《性理大全書》卷44 〈學二·總論爲學之方〉

【해설】배움의 목적은 자신의 내면에 있는 선을 실천하는 과정이다. 그렇게 하자면 먼저 무엇이 선이고 무엇이 악인지를 분명히 알아야 한다. 궁리는 바로 무엇이 선인지를 밝히기 위한 노력이다. 그런데 그 내용이나 방법은 대부분 성현들이 남긴 책 속에 있다. 따라서 일상생활 속에서 마땅한 도리가 무엇인지 스스로 찾으려는 노력과 함께 책을 읽는 것이 반드시 필요하다.

4-2 致志 涵泳 義趣 踐履 書自書 我自我

凡讀書者 必端拱危坐[5]하여 敬對方冊[6]하여 專心致志하고 精思涵泳[7]하여 深解義趣[8]하고 而每句에 必求踐履之方[9]이니 若口讀而心不體 身不行이면 則書自書 我自我[10]니 何益之有리오

專 오로지 전
涵 젖을 함
泳 헤엄칠 영
熟 익을 숙
趣 향할 취 / 다다를 취
履 행할 리

句解 口讀而心不體 身不行 : 體는 體行이라는 뜻도 있고 體得이라는 뜻도 있지만 여기서는 뒤에 行이 따로 나오기 때문에 體得이라는 뜻으로 쓰였다.

- 何益之有 : 無益하다는 말을 반어법으로 표현한 것이다.

무릇 책을 읽는 자는 반드시 단정히 손을 모으고 무릎을 꿇고 앉아서(危坐) 경건한 자세로 책을 마주하여 마음을 오로지 하고 뜻을 극진히 하며 자세히 생각하고 함영涵泳하여 의리義理와 취지趣旨를 깊이 이해하고 구절마다 반드시 실천할 방법을 구해야 하니, 만일 입으로만 읽고 마음에 체득하지 않고 몸으로 실행하지 않는다면 책은 책대로이고 나는 나대로일 것이니, 무슨 유익함이 있겠는가?

【출전】 專心致志 : 《孟子》 〈告子 上〉

【해설】 책 속에 담겨 있는 내용은 대부분 성현들이 남겨 놓은 말씀이다. 따라서 책을 대하는 자세도 마치 성현들을 대하듯 엄숙하고 단정해야 한다. 그리고 독서는 책의 내용을 암기하거나 그 속에 담긴 지식을 습득하는 것만으로는 부족하며 반드시 숙독하고 깊이 생각하여 실천으로 옮겨야 한다. 만약 그렇게 하지 못한다면 비록 아무리 많은 지식을 얻었다 하더라도 참된 배움과는 거리가 있음을 말하고 있다.

5 危坐 : 꿇어 앉음. 危는 跪와 통용.

6 方冊 : 方冊의 方은 木版을 뜻하는데 의미가 확충되어 서적이나 전적을 의미한다. 方策으로 써도 같은 뜻.

7 涵泳 : 涵泳은 원래 물속에 잠겨서 헤엄친다는 뜻이지만 여기서는 책의 내용을 깊이 이해한다는 뜻으로 쓰였다.

8 義趣 : 義는 意와 같고 趣는 味와 같다.

9 求踐履之方 : 踐과 履는 모두 실천한다는 뜻. 方은 方道, 方法이라는 뜻으로 쓰였다.

10 書自書 我自我 : 곧 책 따로 나 따로라는 뜻. 自는 別É, 各自의 뜻.

CV322

4-3 小學 事親 敬兄 忠君 弟長 隆師 親友 詳玩 力行

隆 높을 융 / 클 융
詳 자세할 상
玩 가지고 놀 완

先讀小學하여 **於事親**과 **敬兄**과 **忠君**과 **弟長**과 **隆師**와 **親友之道**에 **一一詳玩而力行之**니라

句解 於事親 : 於는 '~에 대해서'로 대상을 나타내는 어조사이지만 여기서는 '~를'에 해당하는 목적격 조사로 바꿔서 번역하는 것이 자연스럽다.

- 詳玩而力行之 : 詳玩은 자세하게 음미한다는 뜻. 之는 앞의 '事親, 敬兄, 忠君, 弟長, 隆師, 親友之道'를 가리키는 대명사.

먼저《소학小學》을 읽어, 어버이를 섬기고〔事親〕 형을 공경하며〔敬兄〕, 임금에게 충성하고〔忠君〕 어른을 공경하며〔弟長〕, 스승을 높이고〔隆師〕 벗을 사귀는 도리〔親友之道〕에 대해 일일이 자세히 익혀서 힘써 실행해야 할 것이다.

【출전】詳玩而力行之 :《醫閭集》卷1〈言行錄〉

【해설】《소학小學》공부의 중요성을 강조하고 있다. 소학은 소자지학小子之學, 또는 소인지학小人之學의 준말로 대학大學이 대인지학大人之學을 뜻하는 것과 상대되는 말이다. 곧《소학》은 성인成人의 학문으로 수기修己와 치인治人에 관한 내용이 포괄되어 있지만《소학》은 소자小子 곧 어린이가 익혀야 할 수기修己와 관련된 내용을 중심으로 엮어져 있다.

CV323

4-4 大學 或問 窮理 正心 修己 治人 眞知 實踐

次讀[11]大學及或問[12]하여 於窮理 正心 修己 治人[13]之道에 一一眞知而實踐之니라

다음으로 《대학大學》과 《대학혹문大學或問》을 읽어, 이치를 궁구하고〔窮理〕 마음을 바르게 하며〔正心〕, 자기 몸을 닦고〔修己〕 남을 다스리는〔治人〕 도리에 대해 일일이 참되게 알아서 진실하게 실천해야 할 것이다.

【출전】眞知而實踐之 : 《經義考》 卷233, 〈四書〉

【해설】《대학大學》의 핵심은 삼강령三綱領과 팔조목八條目이다. 삼강령은 명명덕明明德, 신민新民, 지어지선止於至善으로 유학이 지향하는 목표를 개인의 영역과 사회 전체의 영역으로 나누어 제시한 것이다. 또 팔조목八條目은 격물格物, 치지致知, 성의誠意, 정심正心, 수신修身, 제가齊家, 치국治國, 평천하平天下로 앞의 이상을 실현하기 위해서 개인이 실천해야 할 구체적인 조목을 여덟 가지로 나누어 설명한 것이다.

4-5 論語 仁 爲己 本原 精思 深體

次讀論語하여 於求仁爲己[14] 涵養本原[15]之功에 一一精思而深體之니라

涵 젖을 함

다음으로 《논어論語》를 읽어 인仁을 구하고〔求仁〕, 참된 자신을 위한 학문을 하고〔爲己之學〕, 본원을 함양하는 공부에 대해 일일이 자세히 생각하고 깊이 체득해야 할 것이다.

11 次讀 : 次는 시간의 선후를 표시할 때는 그 다음 차례라는 뜻이고, 공간적 위치를 표시할 때는 그 다음 장소를 뜻하는데 여기서는 시간의 선후를 표시하는 경우에 해당한다.

12 或問 : 《大學或問》을 지칭한다. 《大學章句》와는 별도로 제자들이 묻고 주희가 대답하는 내용을 주제별로 분류하여 구성한 책이다.

13 窮理…治人 : 《大學》의 팔조목인 格物, 致知, 誠意, 正心, 修身, 齊家, 治國, 平天下를 나타낸 것이다.

14 求仁爲己 : 求仁之功, 求仁之方, 爲己之功, 爲己之學을 뜻한다.

15 本原 : 本原은 仁을 의미한다.

CV324

【출전】求仁 :《論語》〈述而〉,《孟子》〈盡心 上〉

○ 爲己 :《論語》〈憲問〉

【해설】《논어》는 공자의 제자들이 공자의 언행을 기록한 책으로 공자의 가르침은 물론 공자와 제자들의 대화 내용, 공자의 행동거지에 이르기까지 자세히 기록하고 있다.《논어》의 중심 내용은 학學과 인仁이다. 학學은 인간이 인간으로서 마땅히 해야 할 도리를 실천하는 것을 의미하며, 인仁은 그런 배움을 통해 도달해야 할 목표로 '사람다움'을 의미한다. 따라서 학學과 인仁의 대상과 구체적인 내용이 무엇인지 이해하는 것이 가장 중요하다.

4-6 孟子 義利 遏人欲 存天理 擴充

辨 분별할 변
遏 막을 알
擴 넓힐 확
充 찰 충

次讀孟子하여 於明辨義利[16] 遏人欲 存天理[17] 之說에 一一明察而擴充之니라

다음으로《맹자孟子》를 읽어, 의리와 이익〔義利〕을 분명하게 분별하는 일과, 인욕人欲을 막고 천리天理를 보존하는 내용에 대해 일일이 밝게 살펴서 확충해야 할 것이다.

【출전】遏人欲 存天理 :《孟子》〈梁惠王 下〉

【해설】《맹자孟子》는 왕도정치王道政治와 성선설性善說을 주제로 인정仁政의 실현, 곧 왕도정치를 구현하는 것이 당시의 급무라고 주장한다. 그리고 인간에게 사단四端이라는 보편적인 인성人性이 있다는 사실을 근거로 삼아 사람이라면 누구나 착한 본성을 가지고 있다는 성선설을 주장했다. 따라서《맹자》를 읽을 때는 왕도정치와 성선설의 구체적인 내용을 이해하는 것이 가장 중요하다.

16 義利 : 義는 올바른 도리를 의미하며, 利는 이기적 욕망을 뜻한다.

17 遏人欲 存天理 : 朱熹가《孟子》의 내용을 이렇게 해석한 것이다. 인욕은 인간의 이기적 욕망을 의미하며 악에 쉽게 빠진다. 반면 천리는 인간이 마땅히 따라야 할 도리를 의미하는데 맹자의 성선설에는 이와 같은 주장을 담고 있다고 파악한 것이다.

CV326

4-7 中庸 性情 推致 位育 玩索

次讀中庸하여 於性情之德[18] 推致之功[19] 位育之妙[20]에 一一玩索而有得焉이니라

庸 평소 용
索 찾을 색

다음으로 《중용中庸》을 읽어, 성정의 올바른 뜻〔性情之德〕과 미루어 지극히 하는 공부〔推致之功〕와 천지가 제자리를 얻고 만물이 생육되는 미묘한 이치〔位育之妙〕에 대해 일일이 깊이 음미하고 탐색하여 터득함이 있도록 해야 할 것이다.

【출전】 性情之德 : 《中庸》 1장章

○ 推致之功 位育之妙 : 《中庸》 1장章

【해설】 《중용中庸》에서는 이처럼 인간 존재의 근거를 천지자연에 연계하여 인간과 천지자연의 교감을 추구한다. 하지만 그런 우주적 일체감을 논리적으로 설명하기는 거의 불가능하다. 따라서 《중용》을 읽을 때는 먼저 중中과 용庸의 뜻을 알고 중용의 도가 무엇을 의미하는지를 아는 것을 토대로 천명天命과 성性, 솔성率性과 도道, 수도修道와 교敎가 무엇을 의미하는지 차분하게 음미해 보는 끈기가 필요하다.

18 性情之德 : 性은 하늘로부터 인간에게 부여된 본성을 의미하며 情은 喜怒哀樂의 감정을 의미한다. '德'은 본질, 의미, 개념 등에 해당한다.

19 推致之功 : 《中庸》 1章에서 致中和(중과 화를 극진히 함)라는 구절이 나오는데 주희는 致를 推而極之(미루어 극진히 함)로 풀이했다. 또 《中庸》 23章에는 致曲(한쪽을 극진히 함)을 통해서 誠을 이룰 수 있다고 한 내용이 나오는데 주희는 致를 推致로 해석하였다.

20 位育之妙 : 《中庸》 1章의 '천지가 제자리에 서고 만물이 잘 길러진다〔天地位焉 萬物育焉〕'를 줄여서 표현한 것이다.

CV327

4-8 詩經 性情 邪正 善惡 潛繹 感發 懲創

褒 기릴 포
繹 풀어낼 역
懲 혼날 징 / 징계할 징
創 혼날 창 / 비롯할 창

次讀詩經하여 於性情之邪正[21] 善惡之褒戒[22]에 一一潛繹[23]하여 感發而懲創之[24]니라

다음으로 《시경詩經》을 읽어, 성정性情의 간사하고 올바름과 선악善惡을 칭찬하고 징계함에 대해 일일이 깊이 생각하여 선한 마음을 감발感發하고 악한 마음을 징계懲戒해야 할 것이다.

【해설】《시경詩經》의 내용과 학습 방법을 밝히고 있다. 시詩는 사람의 마음이 사물에 감동되어 나타난 것이다. 그런데 마음이 감동하는 것에는 간사한 생각〔邪〕도 있고 올바른 생각〔正〕도 있다. 그러므로 말에 나타나는 것 중에는 옳음〔是〕과 그름〔非〕이 있기도 하다. 따라서 혹시라도 감동됨이 뒤섞여 밖으로 표현되는 것 가운데 선택해야 할 것이 있으면 반드시 스스로 생각해서 선한 마음과 올바른 마음을 드러내고, 간사한 마음과 악한 마음은 징계해야 한다.

21 性情之邪正 : 性情은 시인의 성정을 뜻하는데, 앞의 性情之德에서 性과 情이 구분된 의미로 쓰인 것과는 달리 성정 자체가 감정이라는 뜻으로 쓰였다.

22 善惡之褒戒 : 褒는 칭찬하고 기린다는 뜻이고 戒는 징계, 경계한다는 뜻이다. 그 대상은 각각 선과 악이니 선을 칭찬하고 기리며 악을 징계하고 경계한다는 의미이다.

23 一一潛繹 : 潛은 물속에 잠긴다는 뜻이고 繹은 실을 풀어낸다는 뜻인데 여기서는 생각한다는 의미로 쓰였다.

24 感發而懲創之 : 感發은 感動과 같고 懲과 創은 모두 억제한다는 뜻이다. 그 대상은 각각 선한 마음과 악한 마음이다.

CV328

4-9 禮經 天理 節文 儀則 度數

次讀禮經하여 於天理之節文[25] 儀則之度數[26]에 一一講究而有立焉이니라

則 법칙 칙

다음으로 《예경禮經》을 읽어, 천리의 절문節文과 의칙儀則의 도수度數에 대해 일일이 강구해서 확립함이 있게 해야 할 것이다.

【출전】 天理之節文 儀則之度數 : 《禮記》〈樂記〉

【해설】 《예경禮經》이란 곧 《예기禮記》를 말한다. 《예기》는 주대 말부터 진한시대의 여러 유학자들의 고례古禮에 관한 학설들을 집록한 것으로, 특히 공자와 그의 72제자 및 그 후학들의 언설을 종합한 책이다. 《예기》의 최대 가치는 전국시대와 진한연간의 유학의 학술 사상에 관한 매우 풍부한 자료를 제공해 준다는 데에 있다.

4-10 書經 二帝 三王 大經大法

次讀書經하여 於二帝三王[27]治天下之大經大法[28]에 一一領要而遡本焉이니라

領 알아차리다 령 / 깨닫다 령
要 근본 요
遡 거슬러 올라갈 소

句解 一一領要而遡本焉 : 領遡는 동사로 쓰였다. 要本은 근본이라는 의미로서 二帝三王이 천하를 다스린 마음(心)을 지칭한다.

다음으로 《서경書經》을 읽어, 2제二帝와 3왕三王이 천하를 다스린 대경대법大經大法에 대해 일일이 요령을 터득하여 근본으로 거슬러 올라가야 할 것이다.

25 天理之節文 : 天理는 자연의 법칙을 뜻하며 節文은 조절해서 표현한다는 의미로, 자연의 법칙을 인간사에 적용하여 표현한다는 뜻이다. 줄여서 節文이라고만 해도 禮를 뜻한다.

26 儀則之度數 : 禮를 풀이한 말로 예의 근거가 천리에서 비롯된 것이라면 그것이 인간사에 적용되었을 때는 儀則, 곧 인간 개개인의 구체적인 행위로 나타나기 때문에 행동할 때 지켜야 할 度數라고 한 것이다. 도수는 규칙으로 정해진 일정한 수를 의미한다.

27 二帝三王 : 二帝는 堯임금과 舜임금을 지칭하며, 三王은 夏나라의 禹임금, 殷나라의 湯임금, 周나라의 文王과 武王을 왕조별로 분류하여 지칭한 것이다.

28 大經大法 : 바꿀 수 없는 원칙과 법규라는 뜻이다.

CV330

【출전】二帝三王 治天下之大經大法 :《書經集傳》序

【해설】《서경書經》은 상고시대 요堯로부터 주대周代에까지 여러 제왕들의 정치상의 발언과 행위를 기록한 책으로, 거의 모든 분야에 걸쳐 중국 고대 문화의 원류가 되는 책이라고 할 수 있다. 《서경》의 일관된 사상으로는 명덕신벌明德愼罰과 애민愛民·중민重民 사상을 들 수 있다. 명덕신벌이란 천명의 보존을 위한 군주의 자계自戒로서 후에 《서경》의 권위가 확고해지면서 역대 제왕들이 지켜야 할 규범이 되었다. 그리고 애민愛民·중민重民 사상은 유학의 정치철학으로 확립되어 후세의 제왕상帝王像을 규정하고 위정자의 권력 남용을 억제하는 역할을 하였다.

4-11 易經 吉凶 存亡 進退 消長 觀玩 窮硏

消 사라질 소
幾 기미 기
硏 갈 연 / 궁구할 연

次讀易經하여 於吉凶存亡進退消長之幾[29]에 一一觀玩而窮硏焉이니라

다음에 《역경易經》을 읽어, 길흉吉凶과 존망存亡, 진퇴進退와 소장消長의 기미〔幾〕에 대해 일일이 관찰하여 깊이 연구해야 할 것이다.

【출전】吉凶存亡進退消長 :《易傳序》

【해설】《역경易經》의 본래 명칭은 《역易》 또는 《주역周易》이다. 《주역》의 기본 사상은 천도天道를 미루어 인사人事를 밝히는 것이다. 《주역》은 유교의 경전 중에서도 특히 우주철학宇宙哲學을 논하고 있어 유학의 자연관 형성에에 많은 영향을 끼쳤을 뿐만 아니라, 인간의 운명을 점치는 점복술의 원전으로도 활용되어 왔다.

29 吉凶存亡進退消長之幾 : 吉凶은 인사의 길흉, 存亡은 개인의 생사나 국가의 존망을 의미한다. 進退는 나아가서 벼슬하는 것과 물러나는 것을 뜻한다. 消長은 음기와 양기가 사그라들거나 자라남을 의미한다. 幾는 幾微之際로 '吉凶存亡進退消長의 조짐이 드러나는 때나 일'을 뜻한다.

CV331

4-12 春秋 賞善罰惡 抑揚操縱 微辭奧義 契悟

次讀春秋하여 於聖人賞善罰惡 抑揚操縱[30]之 微辭奧義[31]에 一一精硏而契悟[32]焉이니라

罰 죄 벌 / 벌할 벌
抑 누를 억
操 잡을 조
縱 풀어놓을 종
奧 속 오 / 그윽할 오
契 맺을 계 / 맞을 계
悟 깨달을 오

다음으로 《춘추春秋》를 읽어, 성인이 선을 기리고〔賞善〕 악을 벌하며〔罰惡〕, 억양抑揚하고 조종操縱하는 은미한 말씀〔微辭〕과 오묘한 뜻〔奧義〕에 대해 일일이 자세히 연구하여 정확하게 깨닫도록 해야 할 것이다.

【출전】賞善罰惡 :《詩經》〈瞻彼洛矣·毛序〉

○ 抑揚操縱 :《竹洲集》〈上張南軒書〉

【해설】《춘추春秋》는 노魯나라의 사관史官이 기록한 궁정연대기宮廷年代記에 공자가 독자적인 역사의식과 가치관을 가지고 필삭한 역사서이다. 《춘추》에는 공자의 미언대의微言大義가 담겨져 있다. 이런 의미에서 《춘추》는 단순한 역사적 사실만을 담고 있는 책이 아니라, 사건에 의탁하여 대의명분을 피력한 책이다. 따라서 《춘추》는 경문이 지극히 간절하여 원뜻을 파악하기 쉽지 않으므로, 《공양전公羊傳》·《곡량전穀梁傳》·《좌씨전左氏傳》을 참고해서 읽을 필요가 있다.

---

30 抑揚操縱 : 抑은 그릇된 행위를 억제하는 것을 뜻하며 揚은 반대로 훌륭한 행위를 드러내어 칭찬하는 것을 의미한다. 또 操는 붙들어 둔다는 뜻으로 나쁜 행위를 경계한다는 뜻이고 縱은 놓아준다는 뜻으로 좋은 행위를 할 수 있게 풀어 준다는 뜻이다.

31 微辭奧義 : 은미한 표현 속에 숨어 있는 깊은 뜻이라는 말이다.

32 契悟 : 契는 원래 진위를 판별하기 위해 만들어 두는 신표인데 여기서는 신표를 맞추어 보듯 정확함을 뜻한다.

CV332

4-13 五書 五經 語類 性理 異端

循 돌 순 / 좇을 순
環 돌 환 / 고리 환
熟 익을 숙
著 드러날 저 / 나타날 저
錄 기록할 록
浸 담글 침 / 적실 침
灌 물댈 관
斷 끊을 단
變 변할 변
雜 섞일 잡
頃 기울 경 / 잠깐 경
披 열 피
閱 검열할 열 / 볼 열

五書五經[33]을 循環熟讀[34]하여 理會不已[35]하여 使義理日明하고 而宋之先正所著之書[36]에 如近思錄 家禮 心經 二程[37]全書 朱子大全 語類와 及他性理之說을 宜間間精讀하여 使義理常常浸灌吾心하여 無時間斷하고 而餘力에 亦讀史書하여 通古今 達事變[38]하여 以長識見이니 若異端[39]雜類不正之書는 則不可頃刻[40]披閱也니라

이상의 오서五書와 오경五經을 돌려 가며 익숙히 읽어 이해하기를 그만두지 않아서 뜻과 이치로 하여금 날로 밝아지게 해야 한다. 그리고 송나라의 선현들이 지은 책으로서 이를테면 《근사록近思錄》, 《가례家禮》, 《심경心經》, 《이정전서二程全書》, 《주자대전朱子大全》, 《주자어류朱子語類》 및 기타 성리설 같은 책을 마땅히 틈틈이 정독해서 의리로 하여금 항상 내 마음속에 젖어 들어 어느 때고 끊어짐이 없도록 하고, 남은 여가에 또한 역사책을 읽어 고금의 사변事變을 통달하여 식견을 신장시켜야 할 것이다. 이단이나 잡류로 바르지 못한 책 같은 경우는 잠깐 동안이라도 펼쳐 보아서

33 五書五經 : 보통 四書五經을 유학의 중심 경전으로 들지만 여기서는 《小學》을 포함하여 오서오경이라고 한 것이다.

34 循環熟讀 : 循環은 둥근 고리를 따라 도는 것처럼 반복한다는 뜻이고, 熟讀은 여러 차례 읽는다는 뜻이다.

35 理會不已 : 理會는 이해하고 처리한다는 뜻으로 理解와 비슷하지만 좀 더 포괄적인 의미를 지니고 있다.

36 宋之先正所著之書 : 先正은 원래 임금이 선대의 왕을 지칭할 때 쓰기도 하고 자신의 조상을 일컫는 말이지만 여기서는 선배 유학자, 곧 先儒들을 지칭하고 있다.

37 二程 : 中國 北宋의 學者인 程顥(1032~1085)와 程頤(1033~1107) 형제를 가리킨다.

38 通古今 達事變 : 通達古今事變으로 이해하면 쉽다.

39 異端 : 孟子의 경우는 楊朱와 墨翟의 사상을 이단이라 했지만 여기서는 朱子學이 일어나면서 극복의 대상으로 보았던 道教와 佛教사상을 지칭한 것이다.

40 頃刻 : 잠깐이라는 뜻으로 須臾, 斯須 등과 같은 뜻이다.

CV333

는 안 된다.

【출전】餘力 : 《論語》〈學而〉

【해설】《근사록近思錄》 : 1175년 주희朱熹와 여조겸呂祖謙이 주돈이周敦頤 · 정호程顥 · 정이程頤 · 장재張載 등 네 학자의 글에서 학문의 중심 문제들과 일상생활에 요긴한 부분들을 뽑아 편집한 책이다. 제목의 '근사近思'는 《논어論語》의 "널리 배우고 뜻을 돈독히 하며, 절실하게 묻고 가까이 생각하면(近思) 인仁은 그 가운데 있다.(博學而篤志 切問而近思 仁在其中矣)"는 구절에서 따온 것이다.

4-14 熟讀 義趣 忙迫 涉獵

凡讀書에 必熟讀[41]一冊하여 盡曉義趣[42]하여 貫通無疑[43]然後에 乃改讀他書[44]요 不可貪多務得하여 忙迫涉獵[45]也니라

不可A : A해서는 안 된다

曉 깨달을 효 / 환할 효
疑 의심할 의
貪 탐할 탐
務 힘쓸 무
忙 바쁠 망
迫 닥칠 박
涉 건널 섭
獵 사냥 렵 / 잡을 렵

무릇 책을 읽을 때에는 반드시 한 책을 익숙히 읽어서 의미를 다 깨달아 꿰뚫어 통달하고 의심스러운 것이 없어진 뒤에야 비로소(乃) 다시 다른 책을 읽을 것이요, 많이 읽기를 탐내고 얻기를 힘써서 바삐 섭렵해서는 안 된다.

【해설】 유학에서 말하는 독서란 단순히 글을 읽는다거나, 책 속에 들어 있는 단편적인 지식을 습득하기 위한 것이 아니다. 위에서 언급한 책들은 전반에 걸쳐 성인들의 삶의 지혜가 들어 있고, 개인의 덕성을 함양하기 위한 지혜가 담겨져 있을 뿐 아니라, 혼란과 무질서를 바로잡기 위한 사회 규범이 있으며, 정치, 경제 등에 대한 종합적인 내용과 철학이 들어 있다.

41 熟讀 : 熟讀은 곧 여러 차례 읽는다는 뜻이다.
42 義趣 : 義趣는 意味와 같다.
43 貫通無疑 : 처음부터 끝까지 모두 이해함을 의미한다.
44 乃改讀他書 : 乃는 始와 같고 改는 更과 같다.
45 涉獵 : 여러 가지 일에 두루 관계한다는 뜻이지만 여기서는 많은 책을 두루 읽는다는 뜻으로 쓰였다.

CV334

따라서 이러한 경전經典은 항상 내용을 깊이 완미하여 처음부터 끝까지 통독通讀을 해야 한다. 그래야 거기에 들어 있는 모든 내용이 나의 것으로 얻어질 수 있는 것이다.

독서를 많이 할수록 좋다고 해서, 아무 책이나 가리지 않고 많이 읽는 태도라든가, 아니면 책의 내용을 완전히 숙지하지도 못한 상태에서 여러 가지 책을 섭렵하는 자세는 오히려 학문하는 태도로서는 지양해야 할 자세인 것이다.

책을 읽는 사람들이 항상 책의 내용을 깊이 이해하고 늘 가슴속에 간직하고 있으면 개인의 인격 완성은 물론 조화로운 사회를 이룩하는 데 커다란 도움이 될 것이다.

事親章第五 제 5장 어버이 살아계실 제 효도를 다하라

5-1 昊天 性命 血肉 氣脈 遺氣

凡人[1]이 莫不知親之當孝로되 而孝者甚鮮하니 由不深知父母之恩故也라 詩不云乎[2]아 父兮生我하시고 母兮鞠我하시니 欲報之德[3]인댄 昊天罔極[4]이라하니 人子之受生에 性命血肉[5]이 皆親所遺[6]라 喘息呼吸에 氣脈相通하니 此身이 非我私物이요 乃父母之遺氣也라

鮮 드물 선
兮 어조사 해
鞠 기를 국
昊 하늘 호
罔 없을 망
極 끝 극
遺 남길 유
喘 기침 천 / 헐떡거릴 천
息 숨쉴 식 / 쉴 식
呼 내쉴 호 / 부를 호
吸 숨들이쉴 흡

句解 莫不知親之當孝 : '之'는 '~에게'로 쓰였는데 이 경우 '於'와 통용되지만 순서가 바뀐다. 곧 '親之當孝'를 '當孝於親'으로 바꾸어서 이해하면 쉽다.

- 由不深知父母之恩故也 : '由A故'는 'A에서 말미암은 까닭'이란 뜻인데 '由'나 '故'를 생략하는 경우도 많다.
- 人子之受生 : '人子'는 '爲人之子者'의 준말. '之'는 주격 조사.

1 凡人 : 보통 사람, 곧 평범한 사람을 뜻하는 명사로 쓰이지만 여기서의 凡은 人을 수식하는 관형사로 쓰인 것이 아니라 구 전체를 수식하는 부사로 쓰였기 때문에 '무릇, 모두' 정도로 번역하는 것이 자연스럽다.

2 詩不云乎 : 云은 曰과 같다. 乎는 의문사로 물음표에 해당한다.

3 欲報之德 : 之는 其와 통용한다. 德은 낳아 주고 길러 준 은혜를 뜻한다.

4 罔極 : 끝이 없다. 무한하다. 父母의 恩惠가 너무 커서 갚을 길이 없음. 極은 끝, 罔은 無와 같다.

5 性命血肉 : 性命은 천성과 목숨을 뜻한다.

6 皆親所遺 : 皆는 앞의 성명과 혈육을 지칭. 所遺는 所遺之物의 준말.

CV5875

무릇 사람들이 부모에게 마땅히 효도해야 함을 알지 못하는 이가 없되 효도하는 자가 매우 드문데, 이것은 부모의 은혜를 깊이 알지 못함을 말미암은 까닭이다. 《시경詩經》에 이르지 않았던가? "아버님! 나를 낳으시고, 어머님! 나를 기르시니, 그 은덕을 갚으려 해도 하늘처럼 끝이 없도다〔父兮生我 母兮鞠我 欲報之德 昊天罔極〕." 자식이 생명을 받을 때 천성과 목숨, 피와 살이 모두 어버이가 남겨 주신 것이다. 숨을 쉬어 호흡함에 기맥氣脈이 서로 통하니, 이 몸은 나의 사유물이 아니요, 바로〔乃〕 부모께서 남겨 주신 기운이다.

【출전】父兮生我 … 生我劬勞 :《詩經》〈小雅·小旻之什·蓼莪〉

【해설】부모와 자식의 관계, 그것은 인간이 세상에 태어나 최초로 형성하는 관계이며, 그 관계가 아름답게 유지될 수 있는 가장 기본적인 덕목은 무엇보다 자애慈愛와 효孝이다. 특히 나를 기준으로 볼 때 나를 있게 해 주신 것은 부모이므로, 내가 인생을 살아가면서 해야 할 인간으로서의 기본적인 덕목이 바로 효이다. 따라서 효란 부모의 몸에서 태어나고 또한 최초의 지극한 보살핌이 없이는 생존할 수 없는 지극히 평범한 것 같은 부모의 은혜에 보답하는 것이지만, 은혜의 유무를 떠나 자식으로서 마땅히 해야 하는 당위성에 귀착되는 것이다.

5-2 誠

哀 슬플 애
劬 수고로울 구
勞 힘쓸 노

故로 曰 哀哀父母여 生我劬勞라하니 父母之恩이 爲如何哉아 豈敢自有其身하여 以不盡孝於父母乎아 人能恒存此心이면 則自有向親之誠矣리라

그러므로 《시경詩經》에 "애달프고 애달파라, 부모님이여! 나를 낳으시느라 수고로우셨도다〔哀哀父母여 生我劬勞〕." 하였으니, 부모의 은혜가 어떠한 것이겠는가? 어찌 감히 그 몸을 스스로 사유하여 부모에게 효도를 다하지 않을 수 있겠는가? 사람이 항상 이 마음을 지닐 수 있다면 저절로 부모를 향한 정성이 생길 것이다.

CV5879

5-3 稟命 委曲 陳達

凡事父母者 一事一行을 毋敢自專[7]하여 必稟命而後行[8]이니 若事之可爲者[9]라도 父母不許어시든 則必委曲陳達[10]하여 頷可而後行[11]이요 若終不許라도 則亦不可直遂其情[12]也니라

專 오로지 전
稟 받을 품 / 여쭐 품
委 맡길 위 / 자세할 위
曲 굽을 곡 / 자세할 곡
陳 늘어놓을 진 / 아뢸 진
達 통달할 달 / 전달할 달
頷 허락할 함 / 턱 함
許 허락할 허
遂 이룰 수 / 마침내 수

무릇 부모를 섬기는 자는 한 가지 일과 한 가지 행실일지라도 감히 스스로 멋대로〔自專〕 하지 말고, 반드시 부모에게 명령을 받은 뒤에 시행해야 한다. 만일 해야 하는 일이라 하더라도 부모가 허락하지 않으시거든 반드시 자세히 말씀드려서〔委曲陳達〕 허락하신 뒤에 시행할 것이요, 만일 끝내 허락하지 않으시더라도 또한 곧바로 자기 〈마음대로〉 뜻을 이루어서는 안 된다.

【출전】毋敢自專 稟命而後行 :《論語》〈先進〉21章

【해설】부모를 섬기는 사람은 사소한 일과 행동이라 할지라도 반드시 부모에게 여쭈어 허락을 받은 다음에 행해야 한다. 또한 자식의 입장에서 볼 때 충분히 할 수 있거나, 반드시 해야 하는 일일 경우라도 부모가 그 뜻을 받아들이지 않는 경우가 있는데, 이럴 때도 자식은 부모가 틀렸다고 해서 멋대로 자기의 뜻을 실행에 옮겨서는 안 된다. 그러므로 공자도 아무리 부모가 돌아가신 뒤라 하더라도 “3년 동안 아버지의 도道를 그침이 없어야 효孝라 이를 수 있다.〔三年 無改於父之道 可謂孝矣〕《논어論語》〈학이學而〉”고 한 것이다.

7 自專 : 專은 독단적으로 일을 처리하는 것을 의미하므로 自專은 제멋대로 한다는 뜻이다.
8 稟命而後行 : 稟은 受와 같은 뜻으로 여기서처럼 뒤어 命이 있을 경우에는 명령을 받는다는 뜻으로 해석하는 것이 좋고, 稟而行으로 되어 있는 경우에는 여쭈어 본 뒤에 시행한다로 번역하는 것이 자연스럽다.
9 事之可爲者 : 可爲之事와 같다.
10 委曲陳達 : 委曲은 자세하다는 뜻. 陳은 말씀드린다는 뜻이고 達은 설득한다는 뜻이다.
11 頷可而後行 : 頷可는 머리를 끄덕여 허락한다는 뜻이다.
12 直遂其情 : 其情은 자식이 하고 싶어 하는 심정을 나타낸다. 直遂는 곧장 완수한다는 뜻.

CV5881

5-4 安否 侍奉 愉色 婉容 恭敬 拜辭 拜謁

盥 세수할 관
櫛 빗질할 즐
就 나아갈 취
寢 잠잘 침
怡 기쁠 이
燠 따뜻할 욱
寒 추울 한
詣 이를 예 / 나아갈 예
定 잠자리 정 / 챙길 정
褥 요(까는 침구) 욕
凉 서늘할 량
愉 즐거울 유 / 기뻐할 유
婉 예쁠 완 / 순할 완
謁 아뢸 알

每日未明而起[13]하여 盥櫛衣帶[14]하고 就父母寢所하여 下氣怡聲하여 問燠寒安否하며 昏則詣寢所[15]하여 定其褥席하고 察其溫凉하며 日間侍奉에 常愉色婉容하여 應對恭敬하고 左右就養[16]하여 極盡其誠하며 出入에 必拜辭拜謁이니라

매일 날이 밝기 전에 일어나 세수하고 머리 빗고 옷을 입고 띠를 매고서 부모의 침소로 나아가 기운을 낮추고 목소리를 부드럽게 하여 더운지 추운지와 편안한지 그렇지 않은지를 여쭙고, 날이 어두워지면 침소에 나아가 이부자리를 챙겨 드리고(定), 따뜻한지 서늘한지를 살펴보며, 낮 동안 받들어 모실 때에는 항상 얼굴빛을 부드럽게 하고 용모를 온화하게 해서 공손하고 경건하게 응대하며, 가까이에 나아가 봉양하여 그 정성을 극진히 하며, 나가고 들어올 때는 반드시 절하고 하직하며, 절하고 뵈어야 한다.

【출전】 昏則詣寢所 … 察其溫凉 : 《禮記》〈曲禮 上〉
○ 左右就養 : 《禮記》〈檀弓 上〉

【해설】 어버이를 섬길 때 하루 일과와 지켜야 할 행동거지에 대해 이야기하고 있다. 부모를 봉양함에 항상 공경하는 태도로 부모님을 응대하고, 정성을 극진히 해야 한다. 또한 출입할 때에는 반드시 절하고 하직하고, 절하고 뵌다는 말은 곧 얼굴을 뵙고 가는 곳을 말씀드린 후에 외출을 하고, 돌아와서도 반드시 얼굴을 뵙고 돌아온 사실을 말씀드린다는 것이다.

13 未明而起 : 未明은 未明之前 또는 未明之時로 날이 밝기 이전을 뜻한다.
14 盥櫛衣帶 : 盥·櫛·衣·帶는 모두 동사로 새겨야 한다.
15 詣寢所 : 詣父母寢所의 준말로 앞의 就父母寢所와 같다.
16 左右就養 : 일정한 방향(직분)에 구애받지 않고 어떤 일이든 가리지 않고 부모님을 모셔야 한다는 뜻.

CV5882

5-5 忠養 子職 周旋 養親 王延 隆冬 盛寒

今人이 多是被養於父母하고 不能以己力養其父母하니 若此[17]奄過日月[18]이면 則終無忠養之時也리라 必須躬幹家事[19]하여 自備甘旨[20]然後에 子職乃修니 若父母堅不聽從[21]이면 則雖不能幹家나 亦當周旋補助하여 而盡力得甘旨之具하여 以適親口[22]可也니라 若心心念念이 在於養親이면 則珍味를 亦必可得矣리라 每念王延[23]이 隆冬盛寒에 體無全衣호되 而親極滋味하여 令人感歎流涕[24]也니라

多是A : 대체로 A이다.
被A於B : B에게 A를 입다

奄 문득 엄
過 지날 과
幹 줄기 간
堅 굳을 견
雖 비록 수
旋 돌 선
補 기울 보 / 도울 보
適 맞을 적 / 만날 적
珍 보배 진
延 끌 연 / 인도할 연
隆 클 융
滋 불을 자 / 번성할 자
歎 탄식할 탄 / 읊을 탄
涕 눈물 체

요즘 사람들은 대부분 부모父母에게 양육을 받기만 하고 자기 힘으로 부모를 봉양奉養하지 못하니, 이와 같이 하여 어느덧 세월을 보낸다면 끝내 정성으로(忠) 봉양할 때가 없을 것이다. 반드시(乃) 몸소 집안일을 담당하여 스스로 맛있는 음식(甘旨)을 마련한 뒤에야 자식의 직분이 비로소 닦여지는 것이니, 만일 부모님께서 굳이 들어주지 않으시면 비록 집안일을 담당하지는 못하나, 또한 마땅히 이리저리 움직여(周旋) 도와드려서 힘을 다해 맛있는 음식을 얻어, 어버이의 입맛(親口)에 맞도록 함이 옳다. 만일 마음과 생각이 항상 어버이를 봉양하는 데 있다면, 진미를 또한 반드시 얻을

17 若此 : 此는 부모에게 양육을 받는 것을 지칭한다.
18 奄過日月 : 日月은 歲月과 같은 뜻이다.
19 躬幹家事 : 幹은 주관한다는 뜻이다.
20 自備甘旨 : 甘旨는 甘旨之具의 준말로 滋味, 珍味, 甘味 등과 같이 맛있는 음식을 뜻한다.
21 堅不聽從 : 聽과 從은 같은 뜻.
22 適親口 : 親口는 어버이의 입맛. 適은 꼭 맞춘다는 뜻이다.
23 王延(?~318) : 16국 시대 前趙 西江 사람. 字는 延元. 부모에게 효성이 지극해서, 어머니가 죽자 슬픔을 다해 초상을 치렀고, 繼母 역시 효성으로 섬겼다.
24 令人感歎流涕 : 令은 使와 같다.

CV5884

수 있을 것이다. 매양 왕연王延이 한겨울(隆冬) 몹시 추운 때(盛寒)에 자기 몸에는 성한 옷이 없었으되 어버이에게는 맛있는 음식을 극진하게 대접하여 사람들로 하여금 감탄하고 눈물을 흘리게 한 것을 생각해야 할 것이다.

【출전】王延 :《晉書》〈孝友傳·王延〉

5-6 舊習 接客 私客

A於B : B보다 더 A하다
不敢A : 감히 A하지 못한다

逾 넘을 유
痛 철저히 통
洗 씻을 세
舊 옛 구
尊 높을 존
臥 누울 와
接 접할 접

人家父子間에 多是愛逾於敬하니 必須痛洗舊習하여 極其尊敬이니 父母所坐臥處[25]에 子不敢坐臥하며 所接客處에 子不敢接私客하며 上下馬處에 子不敢上下馬 可也니라

句解 愛逾於敬 : '於'는 '~보다'로 비교를 나타내는 조사.

- 子不敢接私客 : '不敢'은 '감히~하지 못한다'는 뜻이고, '私客'은 부모님의 손님이 아닌 자식의 사적인 손님을 의미한다.

사람들 집안에서 부모와 자식 간에 대부분 사랑이 공경보다 지나치니, 반드시 옛 습관을 철저히 씻어 버려, 존경을 극진히 하여야 한다. 부모가 앉고 누우시는 곳에는 자식이 감히 앉거나 눕지 않으며, 부모가 손님을 접대하시는 곳에서는 자식이 감히 사사로운 손님을 접대하지 않고, 부모가 말을 타거나 내리시는 곳에는 자식이 감히 말을 타거나 내리지 않는 것이 옳다.

【출전】愛逾於敬 :《論語》〈爲政〉7章

【해설】'내리사랑'이라는 말이 있다. 손윗사람의 손아랫사람에 대한 사랑, 특히, 자식에 대한 부모의 사랑을 이른다. 부모의 자식에 대한 사랑은 무조건적이다. 그러므로 대부분 부모 자식 간에는 공경보다 언제나 사랑이 지나치기 마련이고 자연스레 자식의 불경한 태도에도

CV5887

25 父母所坐臥處 : 所坐之處와 所臥之處의 준말.

엄히 다스리지 못하게 되는 것이니, 반드시 옳지 못한 옛 습관은 뼈아프게 씻어 버려 부모에 대한 존경을 극진히 하도록 해야 한다

5-7 和氣 怡色 柔聲

父母之志 若非害於義理어든 則當先意承順[26]하여 毫忽不可違[27]요 若其害理者어든 則和氣怡色柔聲以諫하여 反覆開陳[28]하여 必期於聽從이니라

不可A : A해서는 안 된다
A以B : A하여 B하다
A於B : B를 A하다

毫 터럭 호
忽 소홀히 할 홀
違 어길 위
諫 간할 간
覆 거듭할 복 / 넘어질 복
聽 들을 청

句解 必期於聽從 : '於'는 '聽從'을 '期'의 직접 목적어로 만들어 주는 구실을 하는 목적격 조사로 쓰였다.

부모의 뜻이 만일 의리에 해로운 것이 아니면, 마땅히 부모의 뜻을 따라 부모의 뜻보다 먼저 알아차리고 받들어 순종하여 조금이라도 어겨서는 안 된다. 만약 부모의 뜻이 의리를 해치는 것이라면 기운을 온화하게 하고 얼굴빛을 환하게 하며 음성을 부드럽게 하여 간해서, 반복하여 아뢰어 반드시 듣고 따르시게 할 것을 기약해야 한다.

【출전】 若其害理者 … 必期於聽 : 《禮記》〈內則〉

【해설】 인간의 도리 중에서 가장 중요한 것이 부모와 하나 됨, 즉 부자유친父子有親을 유지하는 것이다. 현실적으로 부자유친이 지속되도록 하기 위해서는 우선 부모가 건강하게 살아 있어야 하므로 그 몸을 잘 봉양해야 하고, 다음으로는 의義가 아닌 일을 행하여 잘못된 길로 빠지지 않도록 뜻을 잘 봉양해야 하며, 끝으로 사랑이 계속 주어질 수 있도록 그 뜻을 잘 받들어 한마음이 되어야 한다.

26 先意承順 : 先意承順父母之志의 준말. 여기서 意는 자식의 뜻을 의미한다.
27 毫忽不可違 : 毫는 털과 같이 작은 사물을 의미하며 忽은 짧은 시간을 의미한다.
28 開陳 : 어떤 사실이나 내용을 글이나 말로 밝히어 펼치는 것. 진술하다.

CV5888

5-8 劑藥 復初

以A爲B : A를 B로 삼다

疾 병 질
沮 낙담할 저
捨 버릴 사
置 둘 치
醫 의원 의 / 치료할 의
劑 조제할 제 / 벨 제

父母有疾[29]이어시든 心憂色沮[30]하여 捨置他事하고 只以問醫劑藥爲務니 疾止어시든 復初니라

부모께서 병환이 걸리시면 마음으로도 근심하고 얼굴빛으로도 근심해서〔色沮〕, 다른 일은 버려두고 다만 의원에게 묻고 약을 짓는 일〔劑藥〕에 힘써야 한다. 병이 그치면 평소대로 돌아간다.

【출전】 父母有疾 … 復初 : 《禮記》〈曲禮 上〉

【해설】 예나 지금이나 가족의 행복 조건 중에 제일 먼저 꼽는 것은 가족의 건강이다. 부모 자식 할 것 없이 가족의 일원이 건강이 나빠지면 그 집안에는 자연 그늘이 드리우기 마련이다. 부모님께서 병환이 나셨을 때, 예전과 같이 만사를 제쳐 두고 병이 낫게 하기를 힘쓸 수는 없다 하더라도 반드시 마음으로 항상 근심하고 힘닿는 데까지 부모님의 병이 회복되기를 힘써야 할 것이다.

5-9 度日

毫 터럭 호
頃 잠깐 경
謹 삼갈 근
嬉 놀 희 / 즐거울 희
戲 놀 희 / 희롱할 희

日用之間[31] 一毫之頃[32]을 不忘父母然後에 乃名爲孝니 彼持身不謹하며 出言無章[33]하여 嬉戲度日者는 皆是忘父母者也니라

句解 皆是忘父母者也 : '是'는 '~이다'로 '爲'와 같다.

29 父母有疾 : 有는 병에 걸리다는 뜻이다.
30 心憂色沮 : 憂는 마음으로 근심하는 것이고 沮는 풀죽은 모습으로 얼굴로 근심하는 모양을 나타낸다.
31 日用之間 : 日用動靜之間의 준말.
32 一毫之頃 : 頃은 가장 짧은 시간 단위.
33 出言無章 : 章은 법도를 뜻한다.

CV5889

일상생활 하는 사이(日用之間)와 잠깐 동안이라도 부모를 잊지 않은 뒤에야 비로소(乃) 효도한다고 이름할 수 있으니, 저 몸가짐을 삼가지 않으며 말을 함에 법도가 없어 장난이나 치면서 세월을 보내는 자는 모두 부모를 잊어버린 것이다.

【해설】 효孝란 나를 이 세상에 있게 해 주고, 길러 주고, 가르쳐 주신 부모의 은혜에 보답을 하는 것이라고 할 수도 있겠지만, 유학적인 입장에서는 '하나 됨'을 잘 유지하는 일이라고 할 수도 있다. 유학에서는 부모 자식 간을 한 몸과 같은 존재로 여기기 때문에 내가 나 자신을 소중하게 여긴다면 일상생활 하는 사이 잠깐 동안이라도 부모를 잊을 수 없다는 것은 자명한 일이다. 그리고 이렇게 나 자신을 소중하게 생각한다면 효라는 것도 억지로 힘써야 할 어려운 일이 아니라, 오히려 자연스러운 일일 것이다.

5-10 日月 事親 盡誠 竭力 三公 愛日

日月이 如流[34]하여 事親을 不可久也라 故로 爲子者[35]須盡誠竭力하여 如恐不及이 可也니라 古人詩曰 古人一日養을 不以三公換[36]이라하니 所謂愛日[37]者如此니라

不可A : A할 수 없다
所謂A者 : 이른바 A라는 것은

須 모름지기(반드시) 수
竭 다할 갈
恐 두려울 공 / 아마도 공
換 바꿀 환

세월이 흐르는 물과 같아서 어버이를 섬기기를 오래 할 수 없다. 그러므로 자식 된 자는 모름지기 정성을 다하고 힘을 다하여, 미치지 못할까 염려하듯 함이 옳다. 옛사람의 시에 이르기를, "옛날 사람은 하루의 봉양을 삼공三公과도 바꾸지 않는다." 하였으니, 이른바 날을 아낀다(愛日)는 것이 이와 같다.

【출전】 古人一日養 不以三公換 : 王安石 〈送喬秀才歸高郵〉

34 日月如流 : 日月은 세월. 곧 세월이 흐르는 물처럼 빨리 흘러간다는 뜻이다.
35 爲子者 : 爲人之子者의 준말.
36 古人一日養 不以三公換 : 단 하루 부모 봉양하는 것을 삼공과 같은 높은 벼슬에 오르는 것보다 더 소중하게 여겼음을 의미한다.
37 愛日 : 愛는 아낀다는 뜻으로 愛日은 날을 아낌. 시간을 아낀다는 뜻이다.

CV5891

【해설】 참으로 세월은 흐르는 물과 같아서 잠시도 우리를 위해 기다려 주지 않는다. 세월의 흐름 속에 부모님도 역시 나이가 들고 늙고 결국은 돌아가시게 된다. 그러므로 자식 된 자는 어버이 살아 계실 때 섬기기를 정성을 다하여 언제나 날이 모자란 듯이 해야 하는 것이다.

喪制章第六 제 6장 상례의 의의와 절차

6-1 朱文公 朱文公家禮

喪制는 當一依朱文公家禮[1]니 若有疑晦處어든 則質問于先生長者識禮處하여 必盡其禮 可也니라

喪 죽을 상 / 잃을 상
制 법도 제 / 제어할 제
疑 의심할 의
晦 어두울 회 / 그믐 회

句解 若有疑晦處 : '若有'는 '만약 ~이 있다면'으로 가정을 나타낸다.

- 質問于先生長者 : '于'는 '於'와 같이 대상을 나타내는 조사.

상제喪制는 마땅히 한결같이 주문공의 가례家禮를 따라야 하니, 만일 의심스럽거나 모르는 곳이 있거든 선생이나 어른으로서 예禮를 아는 곳에 질문해서 반드시 그 예를 다하는 것이 옳다.

【해설】 상제喪制는 부모나 조부모가 세상을 떠나서 거상居喪 중에 있는 사람이 행해야 할 상례喪禮에 관한 제도이다. 그런데 이 상제喪制는 매우 복잡하며 시대와 지역에 따라 많은 차이가 나기도 한다. 따라서 자칫 잘못하다 보면 예에서 어긋날 수도 있으며, 또는 지나치게 복잡한 절차로 인하여 상례喪禮의 본래 의미를 훼손시킬 수도 있다. 따라서 상제는 잘 모르거나 의심나는 곳이 있으면 반드시 선생이나 어른 중에서 예를 아는 사람에게 질문하여 예를 다하는 것이 옳다.

1 朱文公家禮 : 朱熹가 일상생활 속의 예절을 종합하여 묶은 책. 초년의 부친상을 당한 뒤부터 정리하기 시작하여 중년에 모친상을 겪으면서 인정에 갖고 실제로 행하기 쉬운 예제禮制의 필요성을 절감하여 저술한 책이다. 文公은 朱熹의 諡號이다.

CV352

6-2 復 俗例 字

例 법식 례
隨 따를 수
婦 며느리 부 / 아내 부
宜 마땅할 의

復[2]時에 俗例必呼小字[3]하니 非禮也라 少者則猶可呼名이어니와 長者則不可呼名이요 隨生時所稱이 可也니라〔婦女 尤不宜呼名〕

복復을 할 때 세속의 관례에는 반드시 어린 시절의 이름〔小字〕를 부르는데, 예가 아니다. 어린 사람이 죽었을 경우에는 그래도 이름을 부를 수 있지만, 어른이 죽었을 경우에는 이름을 불러서는 안 되고 살아 있을 때 부르던 호칭을 따르는 것이 옳다.

〔부녀자의 경우는 더더욱 이름을 불러서는 안 된다.〕

【출전】《家禮》〈喪禮一〉

【해설】복復이란 상을 당하였을 때 죽은 이의 이름을 부르면서 초혼招魂하는 것으로 고복皐復이라고 하기도 한다. 여기서 고皐는 길게 빼어 부르는 소리를 뜻하고, 복復은 초혼招魂하는 것을 뜻한다.

6-3 喪主 祝辭

祝 빌 축
妻 아내 처

母喪에 父在[4]則父爲喪主니 凡祝辭를 皆當用夫告妻之例也니라

어머니상〔母喪〕을 당했을 때에 아버지가 살아 계시면 아버지가 상주喪主가 되니, 모든 축사祝辭는 다 마땅히 남편이 아내에게 고하는 예를 써야 한다.

2 復 : 皐復 또는 招魂이라고도 하는데, 죽은 사람의 혼을 부르는 절차로 죽은 사람이 생시에 입었던 옷을 가지고 지붕 위로 올라가 북쪽을 향해 옷을 흔들며 사자의 살았을 때의 칭호로 某復을 세 번 부른 뒤에 그 옷을 지붕 위에 올려놓거나 사자를 덮어 두었다가 시신이 나간 다음 불에 태운다. 복할 때 죽은 사람이 벼슬을 지냈으면 某官某公이라 하고 여상에는 남편의 직품을 따라 某夫人 某官某氏라고 하거나 孺人 아무개라고 한다.

3 俗例必呼小字 : 俗例는 世俗의 慣例이고, 小字는 어린 시절의 이름.

4 父在 : 在는 存과 같이 생존하고 있음을 뜻한다.

CV354

【출전】父在則父爲喪主 :《禮記》〈奔喪〉

【해설】일반적으로 모친상의 경우 노환으로 인한 장례가 많다 보니, 아버지가 건강하더라도 아들이 도맡아서 하는 경우가 일반적인데, 이것은 예가 아니다. 아버지가 살아 계시면 당연히 아버지가 상주가 되는 것이며, 아버지가 돌아가시면 장남 순으로 상주가 된다. 축사祝辭란 제사를 받드는 자손이 제사를 받는 조상에게 제사의 연유와 정성스러운 감회, 그리고 간략하나마 마련한 제수를 권하는 글이다. 특히 기제사에서 지방을 붙이면 축사를 읽는 것이 원칙이다.

6-4 被髮 徒跣 小斂 袒 括髮 髽

父母初沒에 妻妾婦及女子는 皆被髮하고 男子則被髮扱上衽徒跣이니라 〔小斂[5]後 男子則袒括髮[6] 婦人則髽[7]〕 若子爲他人後者[8]와 及女子已嫁者[9]는 皆不被髮徒跣이니라 〔男子則免冠〕

A及B : A와 B

扱 거둘 급 / 미칠 급
衽 옷깃 임
徒 맨발 도
跣 맨발 선
袒 웃통 벗을 단
括 묶을 괄
髽 북상투 좌
嫁 시집갈 가

부모가 막 돌아가셨을 때에는 아내와 첩, 며느리와 딸은 모두 머리를 풀고, 남자들은 머리를 풀고 옷깃을 걷어 올리고 맨발을 한다. 〔소렴小斂을 한 뒤에는 남자는 왼쪽 어깨를 드러내고 머리를 묶으며 부인은 머리를 묶는다.〕 만일 아들로서 남의 양자가 된 자와 딸로서 이미 출가한 자일 경우에는 모두 머리를 풀거나 맨발을 하지 않는다. 〔남자는 관을 벗는다.〕

【출전】妻妾婦及女子 … 皆不被髮徒跣 :《家禮》〈喪禮一〉

○ 小斂後 男子則袒括髮 :《禮記》〈檀弓 上〉

5 小斂 : 상을 치를 때 치르는 의식 중의 하나. 斂襲의 첫 번째 단계로 사자의 시신을 옷과 이불로 싸는 절차를 小斂이라 하고, 소렴이 끝난 뒤 시신을 묶어서 入棺하는 절차를 大斂이라 한다.

6 袒括髮 : 죄인의 모습을 의미한다.

7 婦人則髽 : 부인일 경우에 북상투를 튼다는 뜻. 북상투는 부인이 상중에 묶는 장식 없는 머리 모양이다.

8 子爲他人後者 : 아들로서 다른 사람의 후계자가 된 이. 곧 다른 집안에 양자로 들어간 아들을 뜻한다.

9 女子已嫁者 : 여자로서 이미 시집간 자. 여자는 딸자식이라는 뜻.

CV356

【해설】 부모가 돌아가신 후 아직 빈소를 차리기 전까지의 절차를 설명한 것이다. 부모가 돌아가셨을 때 처음 소렴한 뒤에 왼쪽 어깨를 드러내고 머리를 묶는 것은, 애통하고 슬픈 나머지 모습을 고치고, 의복의 화려한 장식을 제거함을 나타내는 것이다. 부모를 돌아가시게 한 죄인의 모습을 형용한 것이라고도 한다.

6-5 發引 靈柩

以A爲B : A를 B로 삼다

尸 주검 시
牀 평상 상
殯 염할 빈
依 전과 같을 의
傍 곁 방
階 섬돌 계
靈 신령 령
柩 널 구
隨 따를 수

尸在牀而未殯[10]엔 男女位于尸傍이면 則其位南上[11]이니 以尸頭所在爲上也요 旣殯之後[12]엔 女子則依前位于堂上호되 南上하고 男子則位于階下호되 其位當北上이니 以殯所在爲上也요 發引[13]時엔 男女之位 復南上이니 以靈柩所在爲上也니 隨時變位而各有禮意니라

句解 以尸頭所在爲上也 : '所在'는 '所在之處'로 머리가 놓여진 곳을 의미. '以~也'는 '以~故也'와 같이 '~때문이다'라는 뜻.

시신이 침상 위에 있고 아직 빈소를 차리지 않았을 때에 남녀가 시신 곁에 자리하게 되면 그 위치는 남쪽을 상석으로 삼으니, 이는 시신의 머리가 있는 곳을 상석으로 삼기 때문이다. 이미 빈소를 차린 뒤에는 여자들은 이전과 마찬가지로 당의 위에 자리하되 남쪽을 상석으로 삼고, 남자들은 뜰 아래에 자리하되 그 위치는 마땅히 북쪽을 상석으로 삼아야 하니, 빈소가 있는 곳을 상석으로 삼기 때문이다. 발인發引할 때에는 남녀의 위치가 다시 남쪽을 상석으로 삼으니, 영구靈柩가 놓여 있는 곳을 상석으로 삼기 때문이다. 이처럼 때에 따라 위치를 바꾸는 것은 각각 〈그 상황에 맞게 행

10 未殯 : 未殯은 未殯之時 또는 未殯之前의 준말.
11 南上 : 以南爲上位의 준말.
12 旣殯之後 : 旣殯之時와 같다.
13 發引 : 상례의 하나로 상여가 집에서 묘지를 향하여 떠나는 절차를 말한다. 發靷이라고 쓰기도 한다.

CV357

하는〉 예의 의미가 있어서이다.

【출전】《家禮》〈喪禮一〉

【해설】빈소殯所를 차리기 전부터 발인發靷 때까지의 남녀의 위치에 대해 설명하고 있다. 상차에서 남녀의 위치는 빈소를 차리지 않았을 때와 빈소한 뒤, 그리고 발인 때 각각 그 위치가 바뀌는데, 이는 각각 그 높이는 것을 달리 하는 데 따른 것이다.

6-6 弔客 俯伏 靈座 喪次 再拜

今人이 多不解禮하여 每弔客致慰에 專不起動하고 只俯伏[14]而已하니 此非禮也라 弔客이 拜靈座[15]而出이어든 則喪者當出自喪次[16][17]하여 向弔客하여 再拜而哭이 可也니라 〔弔客當答拜〕

A而已 : A 뿐이다

弔 조상할 조
慰 위로할 위
伏 엎드릴 복
次 버금 차
哭 울 곡

지금 사람들이 대부분 예를 알지 못하여, 조문객이 위로할 때마다 전혀 꿈적도하지 않고 단지 엎드려 있기만〔俯伏〕 하는데, 이것은 예가 아니다. 조문객이 영좌靈座에 절하고 나오면 상주는 마땅히 상차喪次에서 나와 조문객을 향해 두 번 절하고 곡함이 옳다.〔조객도 마땅히 답절해야 한다.〕

【출전】《家禮》〈喪禮一〉

【해설】조문弔問이란 조상弔喪과 문상問喪을 의미하는 말로, 조상은 죽은 이의 영좌에 죽음을 슬퍼하며 예를 드리는 것이고, 문상은 상주에게 위문하는 것이다. 따라서 조문은 죽은 이에게 예를 들이고 상주를 위문하는 모든 것이다.

14 只俯伏 : 俯와 伏은 같은 뜻.
15 靈座 : 혼령자리. 靈位, 즉 魂魄을 모시어 놓은 자리.
16 喪次 : 상주가 머무는 방. 대개 中門 밖에 있는 소박한 방으로 정한다. 次는 임시로 만든 처소.
17 喪者當出自喪次 : 상을 당한 사람이 상을 치르는 곳에서 조문객을 따라 밖으로 나가야 함을 뜻한다.

CV358

6-7 衰絰

不可A : A해서는 안 된다

衰 상복 최 / 쇠할 쇠
絰 질(상복을 입을 때 머리에 쓰는 首絰과 허리에 두르는 腰絰) 질

衰絰은 非疾病服役[18]이면 則不可脫也니라

상복과 수질首絰[19]이나 요질腰絰[20]〔衰絰〕은 질병에 걸리거나 일하는 경우가 아니면 벗어서는 안 된다.

【출전】《家禮》〈喪禮一〉

【해설】최질衰絰은 상복을 의미하는데, 최衰에는 참최斬衰와 자최齊衰가 있고, 질絰에는 수질首絰과 요질腰絰이 있다. 대렴을 한 이튿날, 즉 사망일로부터 4일째 되는 날로 상제들은 복제服制에 따라 상복喪服을 입는데, 상복은 질병이 있거나 일하는 경우가 아니면 벗지 않아야 한다는 말이다.

6-8 家禮 成服 卒哭 疏食 小祥

粥 죽 죽
疏 거칠 소
糲 매조미쌀 려
羹 국 갱
菜 나물 채
啜 마실 철
切 엄히 절

家禮에 父母之喪엔 成服之日[21]에 始食粥[22]하고 卒哭之日[23]에 始疏食[24]〔糲飯也〕水飮하고〔不食羹也〕不食菜果하며 小祥之後[25]에 始食菜果하니 禮文如此하니 非有疾病이면 則當從禮文이니라 人或有過禮而啜粥三年者하니 若是誠孝出人[26]하여 無一毫

18 疾病服役 : 非疾病服役之時의 준말.
19 首絰 : 喪服을 입을 때에 머리에 두르는, 짚에 삼껍질을 감은 둥근 테.
20 腰絰 : 喪服을 입을 때에, 짚에 삼을 섞어서 굵은 동아줄처럼 만들어 허리에 띠는 띠.
21 成服之日 : 통상 상을 당한 지 나흘이 되는 날에 상복을 갖추어 입는다.
22 始食粥 : 처음으로 죽을 먹는다는 말인데, 그전까지는 물만 마신다는 뜻이다.
23 卒哭之日 : 卒哭은 상을 당한 지 석 달 되는 初丁日이나 亥日을 가려 지내는 제사를 말한다. 哭을 마친다는 뜻이지만 실제로는 無時哭을 마친다는 뜻이며 졸곡제를 지낸 뒤에는 조석으로 두 때만 곡한다.
24 始疏食 : 백미로 밥을 짓지 않고 현미로 밥을 지어 먹는다는 뜻이다.
25 小祥之後 : 小祥은 상을 당한 지 1년이 된 날을 가리킨다.
26 誠孝出人 : 誠孝出於人의 준말.

CV359

勉强之意면 則雖過禮라도 猶或可也어니와 若誠孝未至어늘 而勉强踰禮면 則是自欺而欺親也니 切宜戒之니라

《가례家禮》에 부모의 상에는 상복을 갖추어 입는 날에 비로소 죽을 먹고, 졸곡卒哭하는 날에 비로소 거친 밥(곱게 찧지 않은 곡식으로 지은 밥이다.)과 물만 마시고(국을 먹지 않는다.) 채소와 과일은 먹지 않으며, 소상小祥이 지난 뒤에야 비로소 채소와 과일을 먹는다.(국도 먹을 수 있다.) 예법이 이와 같으니, 질병이 걸리지 않았으면 당연히 예법을 따라야 한다. 사람들 중에는 혹 예법을 지나쳐서 3년 동안 죽만을 먹는 자가 있는데, 만일 효성이 남보다 뛰어나, 조금도 힘써서 억지로 하는 뜻이 없다면 비록 예법을 지나치더라도 그런대로 괜찮지만, 만일 효성이 지극하지 못하면서 힘써 억지로 하여 예법을 지나친다면 이것은 자신을 속이고 어버이를 속이는 것이니, 엄히(切) 마땅히 경계해야 할 것이다.

【출전】 服之日 始食粥 :《禮記》〈間傳〉

○ 卒哭之日 … 始食菜果 :《禮記》〈間傳〉

【해설】 예禮라는 것은 동시에 정情을 억제하기 위해서도 만들어진 것이다. 효자가 정에 지나치면 몸을 상하기 때문에 예로써 이를 제한하는 것이다. 그러므로 성복成服하는 날까지 아무 것도 먹지 말라는 것이 아니라, 더 이상 굶으면 몸을 상하므로, 성복하는 날이 되어서는 죽을 먹으라는 것이다. 또 감정이 내키는 대로 전후 분별도 없이 행동하여 절제할 줄 모르는 것은 야만인의 길이며, 군자는 항시 정이 일어나는 것을 이성으로 제어해야만 한다. 이것이 예의 효용이다.

CV360

6-9 返魂 效顰 廬墓

葬 장사지낼 장
魂 넋 혼
顰 찌푸릴/찡그릴 빈
廬 오두막집 려
墓 무덤 묘
坊 동네 방
壞 무너질 괴
虧 이지러질 휴
欠 부족할 흠

今之識禮之家 多於葬後返魂[27]하니 此固正禮로되 但時人效顰[28]하여 遂廢廬墓之俗[29]하고 返魂之後에 各還其家하여 與妻子同處하여 禮坊大壞하니 甚可寒心이라

凡喪親者 自度一一從禮하여 無毫分虧欠이어든 則當依禮返魂이어니와 如或未然이면 則當依舊俗廬墓 可也니라

句解 甚可寒心 : '甚'은 '몹시', '매우', '可'는 '~할 수 있다', '~할 만하다'. 따라서 '甚可'는 '몹시 ~할 만하다'라고 해석한다. '寒心'은 '程度에 너무 지나치거나 모자라서 가엾고 딱하다'는 의미이다. 따라서 '甚可寒心'은 '정도에 너무 지나치거나 모자라서 몹시 가엾고 딱해 할 만하다'는 의미이다.

- 無毫分虧欠 : '毫'는 가는 털을 의미한다. '分'은 접미사로서 여기서는 명사 또는 수량·기간을 나타내는 명사구 뒤에 붙어 몫이 되는 분량을 뜻하는 의미로 쓰였다. '虧欠'은 '일정한 수효에서 부족이 생김'
- 如或未然 : '如'는 '만일'의 의미로 쓰였다.

요즘 예법을 아는 집안들이 대부분 장사 지낸 뒤에 반혼返魂하니, 이것은 진실로 바른 예이다. 다만 요즈음 사람들은 남의 흉내를 내어 마침내 여묘廬墓 하는 풍속을 버리고 반혼返魂한 뒤에 각각 자기 집으로 돌아가 처자식들과 함께 생활하여 예방禮坊이 크게 무너졌으니, 몹시 한심스러워할 만하다.

27 返魂 : 返魂은 묘소에서 장례를 치른 다음 영혼을 집으로 모셔 오는 절차이다.

28 時人效顰 : 時人은 주로 그 당시의 사람들을 지칭하는데, 여기서는 요즘의 사람들이라고 하였다. 效顰은 옳게 배우지 않고, 거죽만 배우는 일, 덩달아 남의 흉내를 내거나 남의 결점을 장점인 줄 잘못 알고 본뜨는 일.

29 廬墓之俗 : 상제가 무덤 옆에 廬幕을 짓고 살며 무덤을 지키는 풍속.

CV362

무릇 어버이를 잃은 자는 일일이 예를 따랐는가를 스스로 헤아려 조금도 모자람이 없다고 생각되면 마땅히 예를 따라 반혼할 것이요, 만일 혹 그렇지 못하면 옛 풍속을 따라 여묘하는 것이 옳다.

【출전】 效顰 : 《莊子》〈天運〉

【해설】 반혼返魂이란 장례 지낸 뒤에 신주神主를 집으로 모셔 오는 일이다. 봉분封墳이 완성되면 성분제成墳祭를 지내고 돌아와서 지내는 제의식祭儀式을 반혼제返魂祭 또는 반곡返哭이라고 하는데, 육신은 땅에 묻고 왔으나 혼은 되돌아왔다 하여 반혼이라 한다.

6-10 哭泣 卒哭 哀敬

親喪엔 成服之前에 哭泣을 不絶於口하고 〔氣盡 則令婢僕代哭〕 葬前에 哭[30]無定時하여 哀至則哭하며 卒哭後則朝夕哭二時而已니 禮文이 大槪如此어니와 若孝子情至면 則哭泣이 豈有定數哉아 凡喪은 與其哀不足而禮有餘也론 不若禮不足而哀有餘也니 喪事는 不過盡其哀敬而已니라

與其A不若B : A하는 것은 B하는 것만 못하다
A而已(矣) : A일 뿐이다

泣 울 읍
婢 여자 종 비
僕 종 복
槪 대개 개

句解 與其哀不足而禮有餘也 不若禮不足而哀有餘也 : 슬픔이 부족하고 예가 넉넉한 것이 예가 부족하고 슬픔이 넉넉한 것만 못하다. '與其A 不若B' 형태의 문장 구조이다. 'A하는 것이 B하는 것만 못하다'고 해석한다. 이와 비슷한 문장 구조로 '與其A 寧B'의 문장 구조가 있다. 'A하기보다는 차라리 B하는 것이 낫다'라고 해석한다.

어버이 상〔親喪〕을 당했을 때에 상복을 갖추어 입기 전에는 곡하고 우는 것을 입에서 끊어지지 않게 하고, 〔기운이 다하면 하인으로 하여금 대신 곡하게 한다.〕 장사 지내기 전에는 곡을 함에 일정한 때를 정함이 없어서 슬픔이 일어나면 곡하며, 졸곡卒哭을 지낸

30 卒哭 : 三虞가 지난 뒤에 지내는 祭祀 사람이 죽은 지 석 달만에 오는 첫 丁日이나 亥日을 가려서 지냄.

CV364

뒤에는 아침과 저녁 두 때에만 곡할 뿐이다. 예법이 대개 이와 같거니와, 만일 효자로서 정이 지극하면 곡하고 울음에 어찌 일정한 수가 있겠는가? 무릇 초상에는 슬픔이 부족하고 예가 넉넉한 것이 예가 부족하고 슬픔이 넉넉한 것만 못하니, 상사喪事는 그 슬픔과 공경을 다함에 지나지 않을 뿐이다.

【출전】親喪 … 二時而已 :《禮記》〈檀弓 上〉

○ 與其哀不足 … 哀有餘也 :《禮記》〈檀弓 上〉

【해설】상례에서 곡哭하는 것은 정해진 수가 없음을 말하고 있다. 지내기 전까지는 슬픔이 지극하여 울지 않을 수 없으니, 이때는 정해진 때 없이 곡을 하는데, 이때의 곡을 무시곡無時哭이라고 한다. 사람이 죽은 지 석 달 만에 오는 첫 정일丁日이나 해일亥日을 택하여 졸곡제卒哭祭를 지낸다. 졸곡은 상중에 하던 무시곡을 마친다는 뜻으로 행하는 제향으로, 삼우三虞를 지낸 다음의 강일剛日이 되는 일진日辰을 잡아 지낸다. 졸곡으로 장례 절차는 모두 마치게 되고 남은 것은 삭망朔望·대소상大小祥·담제禫祭가 있을 뿐이다.

6-11 曾子 親喪 送死 小連 大連 居喪 孝誠

送 보낼 송
連 잇닿을 연
懈 게으를 해
憂 근심할 우

曾子[31]曰 人未有自致者也나 必也親喪乎인저하시니 送死者[32]는 事親之大節也니 於此에 不用其誠이면 惡乎用其誠이리오 昔者에 小連 大連[33]이 善居喪하여 三日不怠하고 三月不懈하고 期悲哀하고 三年憂하니 此是居喪之則也라 孝誠之至者는 則不勉而能矣어니와 如有不及者는 則勉而從之 可也니라

句解 未有自致 : '未有'는 앞으로는 어떠할지 모르겠으나 '아직까지는 ~않다'의 뜻이다.

31 曾子(BC505~BC435) : 孔子의 제자. 이름은 參. 효의 대명사로 알려져 있다.
32 送死者 : 죽은 이를 葬送하다. 죽은 이를 장사 지내다.
33 小連 大連 : 東夷 사람으로, 상사를 잘 치른 것으로 알려져 있다. 《禮記》〈雜記 下〉에 보인다.

CV365

- 必也親喪乎 : '必也'는 '반드시 해야 하는 경우라면'의 의미가 담겨 있다.
- 惡乎用其誠 : '惡'는 '오'라 읽고 뜻은 '어찌'이다. '乎'는 '처소격 조사', '於'와 쓰임이 같다. '~에'의 의미이다.
- 此是居喪之則也 : '是'는 '~이다'의 뜻이다. '則'은 '법칙', '칙'으로 읽는다.
- 如有不及者 : '如'는 '만일'의 뜻이다.

증자曾子가 말씀하시기를, "사람은 스스로 〈정성을〉 지극히 하는 경우가 있지 않으나, 반드시 어버이의 상에는 지극히 해야 할 것이다." 하셨으니, 죽은 이를 장사 지내는 것은 어버이를 섬기는 큰 예절이다. 이 일에서 그 정성을 쓰지 않는다면 어디에 그 정성을 쓰겠는가. 옛날에 소련小連과 대련大連은 상사喪事를 잘 치러서 3일 동안 게을리 하지 않고, 석 달 동안 태만히 하지 않고, 1년간 슬퍼하고, 3년 동안 근심하였으니, 이것이 바로 상사를 치르는 법칙이다. 효성이 지극한 자는 힘쓰지 않아도 잘 할 수 있거니와, 만일 미치지 못하는 자가 있다면 힘써서 예를 따름이 옳다.

【출전】人未有自致者也 必也親喪乎 :《論語》〈子張〉

○ 小連大連 … 三年憂 :《禮記》〈雜記 下〉

【해설】사람이 삶을 살아가면서 부모의 죽음보다 더 애통한 것은 없다. 따라서 평소 스스로 정성을 지극히 하지 않는 사람이라 하더라도 부모의 상에서는 그 정성을 지극히 하게 되는 것이다. 대련大連과 소련小連은 단기檀朝의 중신重臣이다. 충효忠孝를 갖춘 사람으로 친상親喪을 당하여 3개월을 게으름 피우지 않고 3년 동안 서러워하니, 이것은 동양윤리東洋倫理의 원조元祖이다.

6-12 質美 執禮 哀毁 權 滅性 不孝

不忍A : 차마 A하지 못하다
可A : A할 만하다

道 말할 도
毁 헐 훼
羸 여윌 리
權 저울추 권
滅 멸할 멸
瘠 파리할 척

人之居喪에 誠孝不至하여 不能從禮者는 固不足道矣어니와 間有質美而未學者하여 徒知執禮之爲孝하고 而不知傷生之失正[34]하여 過於哀毁[35]하여 羸疾已作호되 而不忍從權하여 以至滅性者 或有之하니 深可惜也라 是故로 毁瘠傷生을 君子謂之不孝니라

句解 固不足道矣 : 固는 '진실로', 道는 '말하다'의 뜻으로 쓰였다.

- 徒知執禮之爲孝 : 徒는 '다만', 또는 '한갓'의 뜻이다. 執禮는 '예를 행하다'의 의미. 之는 주격 조사로 쓰였다.
- 不忍從權 : 不忍은 '차마 ~하지 못하다'. 權은 權道로서, 수단은 옳지 않으나 결과로 보아 正道에 맞는 처리 방도. 목적을 이루기 위한 편의상의 수단을 의미한다. 《孟子》 〈離婁 上〉에 권도와 관련한 자세한 설명이 보인다.
- 深可惜也 : 可는 '~할 만하다'의 뜻으로 쓰였다.

사람이 상사를 치를 때에 효성이 지극하지 못하여 예법을 따르지 못하는 자는 진실로 말할 것이 없거니와, 간혹 자질은 아름다우나 배우지 못한 자가 있어 한갓 예를 행하는 것이 효도가 되는 줄만 알고, 자신의 생명을 손상하는 것이 올바른 도리를 잃는 것임을 알지 못해서, 슬퍼하고 훼손하기를 지나치게 하여 파리한 병이 이미 나타났는데도 차마 권도權道를 따르지 못해서 생명을 잃는 데 이르는 자가 간혹 있으니, 매우 안타까워할 만하다. 그러므로 몸을 훼손하고 수척하게 해서 생명을 손상하는 것을 군자는 불효라 이른다.

34 傷生之失正 : 지나치게 예의 형식에 집착한 나머지, 생명을 손상시키게 되는 것은 오히려 효에서 어긋나게 되어 올바른 도리를 잃는 것이 된다는 말이다.

35 過於哀毁 : 부모의 상에 지나치게 슬퍼해서 침식마저 끊고 몸을 상하게 한다는 뜻이다.

CV368

【출전】傷生之失正 … 至滅性者 :《禮記》〈喪服四制〉

【해설】 이효상효以孝傷孝라는 말이 있다. 효성이 지극한 나머지 어버이의 죽음을 너무 슬퍼하여 병이 나거나 죽음을 이르는 말이다. 건강 상태가 좋지 않거나, 상중이라도 지나치게 슬퍼하여 몸을 훼손시키게 되는 경우는 오히려 불효가 된다. 따라서 상례喪禮에서도 지나치게 예를 행하다가 몸을 훼손시켜 오히려 불효不孝의 죄를 짓는 것보다는 권도權道를 따라 몸을 온전히 보존하는 효를 행함이 옳은 일이다.

6-13 有服 設位 奔喪 齊衰 齊衰 大功

凡有服親戚之喪에 若他處聞訃어든 則設位而哭이니 若奔喪[36]이면 則至家而成服하고 若不奔喪이면 則四日成服이니라 若齊衰之服[37]이면 則未成服前[38]三日中에 朝夕爲位會哭이니라 〔齊衰降大功 降大功[39]者 亦同〕

戚 겨레 척
訃 부고 부
齊 상복 자
衰 상복 최

무릇 복을 입어야 할 친척의 상을 당했을 때에 만일 다른 곳에서 부음訃音을 들었으면 신위神位를 설치하고 곡을 한다. 만일 초상에 달려가야 할 경우이면 집에 이르러 상복을 갖추어 입고, 만일 초상에 달려가지 못할 경우이면 4일 만에 상복을 갖추어 입는다. 만일 자최복齊衰服을 입어야 할 초상이면 상복을 갖추어 입기 전 3일 동안 아침저녁으로 신위를 설치하고 모여서 곡한다. 〔자최복으로서 대공大功으로 낮추어진 경우도 이와 같다.〕

---

36 奔喪 : 본래 '먼 곳에서 어버이의 죽음을 듣고 집으로 급히 돌아감'을 뜻한다. 여기서는 어버이뿐 아니라 복을 입어야 할 친척의 상에 달려가는 것까지 포함해서 말하였다.

37 齊衰之服 : 자최복을 입어야 할 초상. 직계 남자가 사망하였을 때, 아버지의 경우는 자녀 모두가, 조부·증조부의 경우는 장손이 斬衰라 하여 통상 3년 복을 입었고, 어머니가 사망하였을 때는 자녀 모두가, 조모·증조모에 대하여는 장손이 齊衰라 하여 3년 복을 입었다.

38 未成服前 : 아직 상복을 갖추어 입기 전. 상복은 喪禮에서 大殮을 한 다음 날 상제들이 服制에 따라 喪服을 입는다.

39 降大功 : 大功服으로 낮추어짐. 大功服이란 사촌 형제자매·衆孫·衆孫女·衆子婦·姪婦, 남편의 조부모·백숙부모·질부 등의 겨레붙이의 喪事에 아홉 달 동안 입는 服制이다.

CV369

【출전】 若奔喪 … 四日成服 :《朱子家禮》〈喪禮一〉

【해설】 분상奔喪을 하는 자는 화려하고 성대한 옷을 벗고 채비를 갖추는 대로 바로 길을 떠난다. 자최복齊衰冠일 경우 고을이 바라보이면 곡을 하고, 대공복大功服일 경우에는 문이 바라보이면 곡을 하며, 소공복小功服 이하는 문에 당도해서 곡을 한다. 문에 들어가 관 앞에 이르면 곡하고 재배再拜한다. 그리고 성복成服하고 자리에 나아가 곡하고 조상하는데 의례대로 해야 한다. 초상에 달려가지 못할 경우라면 자최복의 경우 사흘째 아침저녁으로 신위를 만들고 모여서 곡하고, 나흘째 아침에는 성복을 하는데 역시 같다. 대공복 이하는 처음 상을 들었을 때 신위神位를 만들고 모여서 곡하고, 나흘째 아침에 성복을 하는데 역시 같다. 모두 매월 초하루에 신위를 만들어 모여서 곡하며, 달수가 이미 찼으면 다음 달 초하루에 신위를 만들고 모여서 곡한 다음 복을 벗는다.

6-14 師友 無服 聞喪 心喪 期年 師喪

A及B : A와 B

厚 두터울 후
密 빽빽할 밀
限 한계 한 / 지경 한

師友之義重者와 及親戚之無服而情厚者와 與凡相知之分密者[40]는 皆於聞喪之日에 若道遠하여 不能往臨其喪이면 則設位而哭이니라

師則隨其情義深淺하여 或心喪[41]三年 或期年 或九月 或五月 或三月[42]이요 友則雖最重이나 不過三月이니라 若師喪에 欲行三年期年者 不能奔喪이어든 則當朝夕設位而哭하여 四日而止니라〔止於四日之朝 若情重者 則不止此限〕

40 凡相知之分密者 : '凡'은 '무릇' 이 외에도 '모든'이라고 해석해도 무방하다.

41 聞喪之日 : 문상聞喪은 원래 객지에 나가 있다가 부모의 상喪을 듣고 돌아오는 것을 일컫는 것인데, 여기서는 '訃音을 들은 날'의 의미로 사용되었다.

42 或期年 或九月 或五月 或三月 : 상복의 착용 기간을 의미하는 상기喪期에는 3년, 1년, 9개월, 5개월, 3개월 등이 있다.

CV370

스승과 벗 중에서 정의情義가 무거운 자와, 친척으로서 상복을 입지 않는 관계이지만 정의가 두터운 자와, 무릇 서로 알고 지내는 자로서 교분交分이 친밀한 자는, 모두 초상의 소식을 들은 날에 만약 길이 멀어 그 초상에 가서 참여할 수 없으면 신위를 설치하고 곡한다.

스승일 경우에는 그 정의가 깊고 얕음에 따라 혹은 심상心喪 3년, 혹은 1년, 혹은 9개월, 혹은 5개월, 혹은 3개월을 할 것이요, 친구親舊일 경우에는 비록 가장 두터운 관계라 하더라도 3개월을 넘기지 않는다. 만약 스승의 상에 3년 복이나 기년복을 행하고자 하는 자가 초상에 참여할 수 없거든 마땅히 아침저녁으로 신위를 설치하고 곡하여, 4일 만에 그친다.〔나흘째 되는 날 아침에 곡을 그친다. 만약 정의가 두터운 관계일 경우에는 이 한계에서 그치지 않는다.〕

【출전】心喪三年 : 《禮記》〈檀弓 上〉

【해설】 심상心喪 3년이라고 하면 몸에 상복인 베옷을 입지 않고 3년 동안 마음으로 슬퍼한다는 말이다. 원래는 스승이 돌아가셨을 때 심상을 했지만, 아버지가 생존해 계시고 어머니가 사망했을 때와 집을 나가 개가한 생모나, 계모, 양모, 적손이 조부가 생존할 때 등에도 조모를 위해, 모두 정해진 복을 입고 나서도 마음으로 3년을 채운다는 말이다.

6-15 朔日 設位 會哭 哀至

凡遭服者 每月朔日[43]에 設位服其服而會哭하고〔師友雖無服 亦同〕 月數旣滿이면 則於次月朔日에 設位服其服[44]하고 會哭而除之니 其間哀至則哭이 可也니라

朔 초하루 삭
滿 찰 만

句解 遭服者 : '遭'는 '만나다' 혹은 '당하다'의 의미로 쓰였다.

• 會哭而除之 : '之'는 대명사로서 '其服'을 가리킨다.

43 朔日 : 朔은 초하루이며, 음은 '삭'이다.
44 其服 : 其服은 치르고 있는 상의 상기에 맞은 상복을 이른다.

CV372

무릇 상복을 입게 된 자는 매월 초하루에 신위를 설치하고, 입어야 할 상복을 입고 모여서 곡하며,〔스승이나 친구로서 복이 없는 경우라도 마찬가지이다.〕 달 수가 차고 나면 다음 달 초하루에 신위를 설치하고 입어야 할 상복을 입고 모여서 곡하고는 상복을 벗어야 할 것이니, 그 사이에 슬픔이 일어나면 곡하는 것이 옳다.

【출전】每月朔日 … 可也 :《家禮》〈喪禮一〉註

6-16 大功 弔人 治喪

凡大功[45]以上喪은 則未葬前에 非有故어든 不可出入이며 亦不可弔人이요 常以治喪講禮爲事니라

句解 以治喪講禮爲事 : '以A爲B'의 문장 형태로 'A로써 B를 삼다', 또는 'A를 가지고 B를 하다'라고 해석한다.

무릇 대공大功 이상의 상을 당했을 때에 장사를 지내기 전에는 연고가 없으면 밖에 출입하지 않을 것이며, 또한 남에게 조문하러 가서도 안 되고, 항상 상사喪事를 다스리고 예를 강론하는 것을 일삼아야 한다.

【해설】 대공친大功親(대공복을 입는 친족)의 범위는 종형제 자매, 장손 이외의 손자·손녀, 장자부長子婦 이외의 자부·질부 및 동모이부同母異父의 형제자매이다. 남의 아내 된 자는 시조부모, 시백부모, 시숙부모, 질부의 상喪, 남편이 양자 갔을 때에는 남편의 생가 시부모의 상에 입는다. 의복義服으로는 중자부衆子婦를 위해서, 형제의 며느리를 위해서, 여자로서 남편의 조부모와 백숙부모, 형제의 며느리를 위해서도 같다. 따라서 이들 친족 이상의 상에서는 밖에 출입을 하지 말고, 남의 조상도 할 수 없으며, 오로지 초상을 치르는 예를 일삼아야 한다.

CV373

45 大功 : 五服의 하나. 大功親의 喪事에 9개월 동안 입는 服制. 大功服은 굵은 熟布(표백한 베)로 상복을 만들어 입는다.

祭禮章第七 제 7장 제사의 의의와 절차

7-1 祭祀 家禮 祠堂 先主 祭田 祭器 宗子

祭祀는 當依家禮하여 必立祠堂[1]하여 以奉先主[2]하고 置祭田[3] 具祭器[4]하여 宗子[5]主之니라

祠 사당 사

제사는 마땅히 《주자가례朱子家禮》를 따라 반드시 사당祠堂을 세워서 선조의 신주神主를 받들고, 제전祭田을 설치하고 제기祭器를 갖추어서 종자宗子가 이를 주관해야 한다.

【출전】必立祠堂 … 宗子主之 : 《家禮》〈通禮一〉

【해설】사당祠堂에서 제사 지내는 근원은 《주자가례朱子家禮》에 의한 것으로, 고려 말 정몽주鄭夢周·조준趙浚 등이 시행할 것을 역설하였으나 당시는 불교가 성행한 때였으므로 쉽게 실천되지 못하였다. 그러나 성리학을 국가 정교政教의 근본으로 삼은 조선시대에는 사당의 시행이 철저히 강요되었다. 사당은 담을 쌓아 가리고 앞에 대문을 만든다. 신주는 가문에 따라서 4대 봉사, 3대 봉사, 2대 봉사를 한다.

1 祠堂 : 조상의 神主를 모셔 놓은 집. 家廟 또는 祠宇라고도 한다.

2 先主 : 선조의 신주.

3 置祭田 : 조상의 祭祀를 모시는 데 드는 비용을 마련하기 위해 장만하거나 설정한 位土. 祭主인 宗子가 관리한다.

4 具祭器 : 제사에 필요한 여러 가지 기구를 갖춤.

5 宗子 : 宗家의 맏아들. 종가의 혈통을 계승하고 祖宗의 제사를 지내는 사람이다.

CV374

7-2 祠堂 再拜

A于(於)B : B에서 A하다

謁 아뢸 알
雖 비록 수
隨 따를 수
妨 방해할 방

主祠堂者[6]는 每晨에 謁于大門之內[7]하여 再拜하고 〔雖非主人 隨主人同謁 無妨〕出入에 必告이니라

사당祠堂을 주관하는 자는 매일 새벽마다 대문 안에서 배알하여 두 번 절하고, 〔주인이 아니더라도 주인을 따라 함께 뵙는 것은 무방하다.〕 출입할 때는 반드시 아뢴다.

【출전】每晨 … 必告 : 《家禮》〈通禮一〉

【해설】사당을 주관하는 자가 매일 새벽과 출타할 때 첨례瞻禮를 행하는 것은 살아계실 때와 똑같이 조상을 대하는 예를 보이는 것이다.

7-3 盜賊 神主 遺書 家財

盜 훔칠 도
賊 도둑 적
救 건질 구 / 구원할 구
遷 옮길 천

或有水火盜賊[8]이어든 則先救祠堂하여 遷神主遺書[9]하고 次及祭器[10]하고 然後及家財[11]니라

혹 수재水災나 화재火災나 도적盜賊이 있으면 먼저 사당을 구원하여 신주神主와 유서遺書를 옮기고, 다음에 제기祭器에 옮기고 그런 뒤에 가재家財를 구해야 한다.

【출전】或有水火盜賊 … 然後及家財 : 《家禮》〈通禮一〉

6 主祠堂者 : 宗子로서 이 사당의 제사를 주관하는 사람이다.
7 謁于大門之內 : 대문 안에서 배알한다는 뜻인데, 배알할 때에는 深衣를 입고 焚香한 다음 두 번 절한다. 우于는 於와 쓰임이 같다.
8 水火盜賊 : 水는 水災를, 火는 火災를 의미한다. 盜賊은 도적의 침입을 의미한다.
9 遺書 : 遺書는 통상 유언을 남긴 글이라는 의미를 지니나, 여기서는 선조가 남긴 글이나 모든 典籍類를 의미한다.
10 次及祭器 : 신주와 유서를 옮기고, 다음으로 제기를 옮긴다는 뜻.
11 然後及家財 : 제기를 옮기고 난 뒤에 가재를 옮긴다는 뜻.

CV376

【해설】 천재지변이나, 위급한 상황에서도 가장 먼저 사당을 구원할 것을 말한 것이다.

7-4 正 至 朔 望 參 俗節 時食

正〔正朝〕[12] 至〔冬至〕朔〔一日〕望〔十五日〕則參[13]하고 俗節[14]則薦以時食[15]이니라

朔 초하루 삭
望 바랄 망 / 보름 망
參 간여할 참
薦 천거할 천

정월 초하루와 동짓날과 매월 초하루와 보름날이 되면 사당에 참배하고, 속절俗節일 경우에는 그때에 맞는 음식을 올린다.

【출전】 俗節則薦以時食 : 《家禮》〈通禮一〉

【해설】 예전부터 우리 조상들은 봄·여름·가을·겨울에 한 차례씩 성묘省墓를 다녀오는 습속習俗이 있었다. 성묘할 때에는 그 명절에 숭상하는 종자粽子 같은 음식을 큰 쟁반으로 올리되 간간이 채소와 과일을 곁들이기도 하며, 예식禮式은 설이나 지일至日·초하루 같은 방식으로 한다.

12 正〔정조正朝〕 : 설날 아침이란 뜻으로, 여기서는 정월 초하루를 의미한다. 元旦·四始·三始·歲旦·元辰·元朝·正旦 이라고도 한다.

13 參 : 참배한다는 뜻인데, 이때는 '참'이라고 읽는다.

14 俗節 : 제삿날 이외에 철이 바뀔 때마다 사당이나 조상의 묘에 차례를 지내던 날.

15 時食 : 그 시절에 특별히 있는 음식. 때에 맞는 음식. 철에 따라 나는 식품으로 특별히 만들어 먹는 음식.

CV378

7-5 齊宿 弔喪 問疾 凶穢 聽樂

散 흩을 산
齊 재계할 재
忌 꺼릴 기
茹 먹을 여
葷 매운 채소 훈
穢 더러울 예
猝 갑자기 졸
掩 가릴 엄
嗜 즐길 기

時祭[16]則散齊[17]四日하고 致齊[18]三日하며 忌祭[19]則散齊二日하고 致齊一日하며 參禮[20]則齊宿一日이니 所謂散齊者는 不弔喪 不問疾 不茹葷[21] 飮酒不得至亂하며 凡凶穢之事를 皆不得預요〔若路中猝遇凶穢 則掩目而避 不可視也〕所謂致齊者는 不聽樂하고 不出入하고 專心想念所祭之人하여 思其居處하며 思其笑語하며 思其所樂하며 思其所嗜之謂也라 夫然後에 當祭之時하여 如見其形하고 如聞其聲하여 誠至而神享也니라

句解 飮酒不得至亂 : 不得은 不可와 같다.

- 皆不得預 : 預는 '참여하다', '간여하다'의 의미로 쓰였다.

시제時祭를 지낼 경우에는 산재散齊를 4일간 하고 치재致齊를 3일간 하며, 기제忌祭를 지낼 경우에는 산재를 2일간 하고 치재를 1일간 하며, 참례參禮할 경우에는 미리 재계齊戒하기를 1일간 한다. 이른바 산재라는 것은 남의 초상에 조문하지 않고 질병을 문병하지 않으며, 냄새나는 음식을 먹지 않고 술을 마시되 취하는 데 이르지 않으며, 모든 흉하고 더러운 일에 다 상관하지 않는 것이요, 〔만일 길에서 흉하고 더러운 것을 갑자기

16 時祭 : 해마다 음력 2월, 5월, 8월, 11월에 사당에 지내는 제사. 해마다 음력 10월에 5대 이상의 조상의 산소에 지내는 제사. 時祀 또는 時享이라고도 한다.

17 散齊 : 祭官이 致齊하기에 앞서 몸이나 행동을 삼가는 일.

18 致齊 : 祭官이 된 사람이 入齋하는 날부터 罷齋 다음 날까지 재계齊戒하는 일.

19 忌祭 : 忌祭는 親族이 돌아가신 날 모시는 제사. 忌日祭라고도 한다.

20 參禮 : 茶禮라고도 한다.

21 茹葷 : 파·마늘 등의 냄새가 나는 채소를 먹음.

CV379

만나면 눈을 가리고 피하여 보지 말아야 한다.] 이른바 치재라는 것은 음악을 듣지 않고, 출입하지 않고, 마음을 오로지 하여 제사 지낼 분을 생각하여, 그분이 〈생전에〉 생활하시던 모습을 생각하며, 웃고 말씀하시던 것을 생각하며, 좋아하시던 것을 생각하며, 즐기시던 것을 생각함을 이른다. 이렇게 한 뒤에야 제사 지낼 때를 맞이하여 그 모습을 보는 듯하고, 그 음성을 듣는 듯하여 정성이 지극하여 신이 흠향하는 것이다.

【출전】散齊四日致齊三日 :《禮記》〈祭統〉

○ 不茹葷飮酒不得至亂 :《莊子》〈人間世〉

【해설】 과거의 제례祭禮 가운데 가장 중요한 것은 계절마다 지내는 시제時祭였고, 그 다음이 기제忌祭였다. 이 시제와 기제忌祭는 모두 재계齋戒를 필요로 하는데, 제사 날짜가 다가오면 먼저 산재散齊를 4일간 하고 다음에 치재致齊를 3일간 했다. 치재致齊는 집안에서 하는 것이고 산재散齊는 밖에서 했던 것이다. 제사에 앞서서 요구되었던 것이 심신心身을 가다듬는 것이었다.

7-6 愛敬

凡祭는 主於盡愛敬之誠而已니 貧則稱家之有無하고 疾則量筋力而行之호되 財力可及者는 自當如儀니라

量 헤아릴 양
筋 힘줄 근

句解 主於盡愛敬之誠而已 : 於는 盡愛敬之誠을 主의 목적어로 만들어 주는 역할을 한다. 而已는 '~일 뿐이다', 또는 '~일 따름이다'고 해석한다.

- 稱家之有無 : 稱은 '~에 맞다', '적합하다', '상당하다'의 의미로 쓰였다.

무릇 제사는 사랑하고 공경하는 정성을 극진히 함을 중심으로 삼을 뿐이다. 가난하면 가산家産의 있고 없음에 맞추어 할 것이요, 병이 있으면 근력筋力을 헤아려 치르되, 재물과 힘이 미칠 수 있는 자는 스스로 마땅히 예법과 같이 해야 할 것이다.

【출전】《家禮》〈祭禮·四時祭〉에 있다.

CV382

【해설】 제사의 절차는 사랑하고 공경하는 정성을 극진히 함을 중심으로 삼는 것이다. 그런데 제사형식을 진행하는 데만 신경을 써서 집안의 경제적 형편은 고려하지 않고 제사를 치른다면, 그 제사가 아무리 호사스럽고 풍성하며 세련되게 잘 치러졌다 하더라도 오히려 잘못된 것이라 할 수 있다. 그러므로 공자孔子 역시 "예禮는 사치하기보다는 차라리 검소한 것이 낫고, 상喪은 잘 치르기보다는 차라리 슬퍼하는 것이 낫다.(禮 與其奢也 寧儉 喪 與其易也 寧戚)《논어論語》〈팔일八佾〉"고 한 것이다.

7-7 墓祭 忌祭 輪行 神主 紙榜 祭饌 家廟

A于B : B에서 A하다
庶(幾)乎A : 거의 A일 것이다

墓祭[22] 忌祭를 世俗이 輪行[23]하니 非禮也라 墓祭則雖輪行이라도 皆祭于墓上하니 猶之可也어니와 忌祭는 不祭于神主하고 而乃祭于紙榜[24]하니 此甚未安이라 雖不免輪行이나 須具祭饌하여 行于家廟庶乎可矣리라

句解 祭于墓上 : 于는 於와 같으니, '~에(서)'라는 의미이다. 上은 '주변'이나 '가장자리'를 표현할 때에도 쓰인다. 예) 王立於沼上(왕이 연못가에 있었다.《孟子》〈梁惠王上〉

• 猶之可也 : 오히려(그래도) 그렇게 하는 것은 가하다(괜찮다). 之는 輪行을 가리키는 대명사.

묘제墓祭와 기제忌祭를 세속에서 자손들이 돌려 가며 지내고 있으니, 이것은 예가 아니다. 묘제는 비록 돌려 가며 지내더라도 모두 묘소에서 제사 지내니 그래도 괜찮지만, 기제는 신주에 제사 지내지 않고 지방紙榜에 제사를 지내니, 이는 매우 마음이 편치않은 일이다. 비록 돌아 가며 지냄을 피치 못하더라도 모름지기 제찬祭饌을 갖추어 가묘家廟에서 지내는 것이 옳음에 가까울 것이다.

22 墓祭 : 매년 봄과 가을(삼질·청명·한식·단오·중양)에 묘소에서 자손들이 모여 지내는 제사를 말한다.

23 輪行 : 돌아 가며 지내다. 즉 제사를 주관하는 집을 해마다 돌려 가며 맡는다는 의미이다.

24 紙榜 : 종잇조각에 지방문을 써서 만든 神主.

CV383

【해설】 묘제墓祭는 묘소에서 자손들이 모여 지내는 제사이다. 원래는 3월 상순에 지내는 고조高祖 이하의 친제親祭를 뜻하는 말이나, 오늘날에는 묘사墓祀(친제親祭)·시향時享·절사節祀 등을 통틀어 이른다. 산소에 도착하면 먼저 산신제山神祭를 지내고, 진찬陳饌·참신參神·강신降神·초헌初獻·아헌亞獻·종헌終獻·진숙수進熟水·사신辭神의 순서로 제례를 지낸다. 절차는 가제家祭와 같으나, 다만 초헌에 숙수熟水만을 진설하고 유식侑食이 없다.

7-8 喪祭 致誠 終天 愼終追遠

喪祭二禮는 最是人子致誠處也라 已沒之親을 不可追養이니 若非喪盡其禮 祭盡其誠이면 則終天之痛[25]을 無事可寓요 無時可洩也니 於人子之情에 當如何哉아 曾子曰 愼終追遠[26]이면 民德歸厚矣라하시니 爲人子者 所當深念也니라

沒 가라앉을 / 없어질 몰
追 쫓을 추
寓 머무를 우
洩 샐 설

句解 是人子致誠處也 : 是는 '~이다'의 의미로, 最是는 '가장 ~이다'라고 해석한다. 예) 我是學生(나는 학생이다.)

- 若非喪盡其禮 祭盡其誠 : 한문의 어법상 若不盡其禮於喪 其誠於祭라고 표현해야 하는 문장을 이와 같이 표현한 것이다. 일반적으로 한문의 부정문에서 非는 체언을 부정하고, 不은 용언을 부정하는 경우에 쓰인다. 예를 들어 不直之友라고 하였을 경우에는 '곧지 않은 친구'라고 해석하며, 非直之友라고 할 경우에는 '곧은 친구가 아니다'라고 해석해야 한다.
- 無事可寓 無時可洩也 : 英語 문법에 비유해서 설명하면 '事와 可', '時와 可' 사이에 '관계대명사+be동사'가 생략된 문장 형태이다. 즉 無事可寓를 굳이 영역을 하자면 "There is no job that is worth taking mind."라는 형식의 문장이 된다.
- 當如何哉 : 如何는 '어찌, 어떻게, 어찌하여, 어찌하겠는가?, 어떻게 하겠는가?' 등의

25 終天之痛 : 평생 동안 남는 비통함. 하늘이 끝날 때까지의 비통함. 하늘의 끝이란 곧 나의 죽음을 의미하므로, 죽을 때까지 남는 비통함이라고 해도 무방하다.

26 愼終追遠 : 終〔初喪 혹은 喪禮〕을 삼가고 멀리 돌아가신 조상을 추모함.

CV384

의문사로 쓰인다.

- 所當深念也 : 所는 '바'라고 해석하기보다는, 오히려 불완전 명사 '것' 내지는, 장소를 나타내 주는 '곳' 등으로 해석하는 것이 더 분명하다.

상례喪禮와 제례祭禮 두 예는 사람의 자식이 가장 정성을 다해야 할 일이다. 이미 돌아가신 어버이를 뒤쫓아 봉양할 수 없으니, 만약 상례를 치를 때 그 예를 다하고 제례를 치를 때 그 정성을 다하지 않는다면 평생 동안 남는 비통함을 붙일 만한 일이 없고 쏟을 만한 때가 없을 것이니, 자식 된 심정에 마땅히 어떠하겠는가? 증자가 말씀하시기를, "초상初喪을 삼가고 멀리 돌아가신 분을 추모하면(愼終追遠) 백성의 덕이 후한 데로 돌아갈 것이다(民德歸厚矣)."고 하셨으니, 자식 된 자가 마땅히 깊이 생각해야 할 바이다.

【출전】喪盡其禮 祭盡其誠 :《論語》〈學而〉9章

○ 愼終追遠 民德歸厚矣 :《論語》〈學而〉

【해설】신종愼終이란 초상初喪에 그 예禮를 다하는 것이고, 추원追遠이란 제사에서 그 정성을 다하는 것이다. 백성의 덕德이 후厚한 데로 돌아간다는 것은 백성들이 교화되어서 그 덕이 또한 후한 데로 돌아감을 말한다. 초상을 삼가고, 돌아가신 분을 추모追慕한다면 이것이 바로 사람들의 덕을 후하게 하는 방법이다. 이것을 자신이 하면 자신의 덕이 후해지고, 백성을 교화하면 백성의 덕이 또한 후한 데로 돌아가는 것이다.

7-9 紊亂 歸正

今俗이 多不識禮하여 其行祭之儀 家家不同하니 甚可笑也라 若不一裁之以禮면 則終不免紊亂無序하여 歸於夷虜之風矣리라 玆鈔祭禮하여 附錄于後하고 且爲之圖하노니 須詳審倣行호되 而若父兄不欲이어시든 則當委曲[27]陳達[28]하여 期於歸正이니라

裁 마름질할 재
紊 어지러울 문
虜 포로 로 / 오랑캐 로
鈔 노략질할 초 / 베낄 초
附 붙을 부
倣 본뜰 방

句解 多不識禮 : 多는 '대부분', 또는 '대체로'의 뜻으로 쓰였다.

- 終不免紊亂無序 歸於夷虜之風矣 : 不免과 紊亂 사이에 於가 생략되었고 無序와 歸 사이에 以가 생략된 문장이다.
- 期於歸正 : 於는 歸正을 期의 목적어로 만들어 주는 구실을 한다.

지금 세속이 대부분 예를 알지 못하여 제사 지내는 의식儀式이 집집마다 같지 않으니, 심히 웃을 만한 일이다. 만약 한결같이 예법으로 제재하지 않는다면, 마침내 문란하고 차례가 없게 되어 오랑캐의 풍속으로 돌아감을 면치 못할 것이다. 이에 제례祭禮를 뽑아 뒤에 붙이고 또 이것을 그림으로 그려 놓았으니, 반드시 자세히 살펴 이대로 따라 행하되, 만약 부형父兄이 그대로 하려고 하지 않으시거든 마땅히 간곡히 말씀드려 바른 데로 돌아가기를 기약해야 할 것이다.

【해설】 예법에 맞는 제사를 올리기 위해서는 평소에 예를 배우고 익혀 둘 필요가 있다. 만약 그렇지 않고 시속時俗에 따르거나 혹은 제주祭主의 감정에 따라 제사를 지내게 되면 제사의 풍속이 문란해져 차례와 질서가 없어지고 급기야는 사회의 혼란까지 초래할 수 있다. 실제로 조선시대 많은 붕당朋黨과 사화士禍가 제사 의식이나 절차와 관련되어 있다는 사실만으로도 우리는 제사가 갖는 사회적 기능을 결코 무시할 수 없다.

27 委曲 : 자세하고 소상함. 또는, 그 곡절. 事情.
28 陳達 : 말이나 편지를 받아서 올림. 또는 管下의 공문 서류를 상급 관청으로 올려 보냄.

CV385

居家章第八 제 8장 화목한 가정과 가족 예절

8-1 居家 禮法 財用 品節 均一 冗費 奢華 贏餘

A及B : A와 B
莫不A : A 아닌 것이 없다

率 거느릴 솔
給 넉넉할 급 / 공급할 급
費 쓸 비
禁 금할 금
奢 사치할 사
稍 점점 초
贏 남을 영
虞 헤아릴 우 / 염려할 우

凡居家에 當謹守禮法하여 以率妻子及家衆이니 分之以職하고 授之以事하여 而責其成功[1]하며 制財用之節[2]하여 量入而爲出하며 稱家之有無하여 以給上下之衣食과 及吉凶之費호되 皆有品節하여 而莫不均一하며 裁省冗費[3]하고 禁止奢華하여 常須稍存贏餘하여 以備不虞[4]니라

句解 率妻子及家衆 : 家衆은 집에서 거느리는 노비에 이르기까지의 모든 구성원을 가리킨다. 及은 '~및'의 의미로, 與와 같다.

- 莫不均一 : 莫不은 이중부정으로서 '~하지 않음이 없다'는 뜻이다.
- 裁省 : 省은 '생'으로 읽는다. 뜻은 '덜다' 이다.

무릇 집에서 머물 때에는 마땅히 삼가 예법禮法을 지켜서 처자와 집안 식구들을 거느려야 한다. 그들에게 직책을 나누어 주고 할 일을 맡겨 주어 그 성공하기를 요구하며, 재용財用의 절도를 제정하여, 수입을 헤아려서 지출을 시행하며, 가산의 있고

1 責其成功 : 그 성공하기를 요구하다. 나누어 주고 맡긴 일을 잘 해낼 것을 요구하다.
2 制財用之節 : 재용의 절도를 제정하다. 또는 재용의 절도를 제어하다.
3 冗費 : 쓸데없는 비용. 또는 쓸데없는 낭비나 소비.
4 不虞 : 일이 있기 전에 미리 헤아리지 못함. 예기치 못한 일.

CV386

없음에 맞추어 윗사람과 아랫사람의 옷과 음식 및 길사와 흉사의 비용을 지급하되 모두 등급대로 조절하여 균일하지 않음이 없게 해야 한다. 쓸데없는 비용을 줄이고, 사치와 호화를 금지하여 항상 모름지기 남은 것을 조금씩 보존해 두어 예기치 못한 일(不虞)에 대비해야 한다.

【출전】凡 … 不虞 : 《家禮》〈通禮一〉

【해설】가장家長은 평소 집에 거처할 때에도 항상 예법을 지켜 식구들의 역할을 정해 주고, 가족 구성원들이 자기의 일을 원만하게 성취할 수 있도록 이끌어 주며, 집안의 수입과 지출을 정확하게 파악하여 집안 경제를 꾸려 나갈 것을 강조하였다. 특히 한 집안에서 가족 구성원들이 자기 역할을 제대로 수행한다는 것은 무엇보다 중요하다.

8-2 冠婚 家禮 從俗

冠婚之制[5]는 當依家禮요 不可苟且從俗이니라

A之B : A의 B
不可A : A해서는 안 된다
苟 구차할 구

句解 當依家禮 : 家禮는 《朱子家禮》를 가리킨다. 依는 '의지하다', '의거하다'는 뜻이다.

- 不可苟且從俗 : 不可는 금지사로 '~해서는 안 된다'의 뜻으로 쓰였다.

관례冠禮와 혼례婚禮의 제도는 마땅히 《주자가례朱子家禮》를 따라야 할 것이요, 구차스럽게 세속을 따라서는 안 된다.

【해설】관례冠禮란 사례四禮의 하나인 성년례成年禮로서 남자는 상투를 짜고, 여자는 쪽을 찐다. 보통 결혼 전에 하는 예식으로, 15~20세 때 행하는 것이 원칙이다. 옛날 사람들은 이 관례를 혼례婚禮보다 더 중요하게 생각하였으며, 미혼이더라도 관례를 마치면 완전한 성인成人으로서의 대우를 받았다. 이와 같이 남자는 관례, 여자는 계례笄禮를 행한 뒤에야 사회적 지위가 보장되었으며, 갓을 쓰지 못한 자는 아무리 나이가 많더라도 언사言辭에 있어서 하대를 받았다. 혼례婚禮란 젊은 남녀가 하나로 합쳐 위로는 조상의 제사를 지내고 아래로는 자손을 후세에 존속시켜 조상의 대를 끊기지 않게 하기 위해 치르는 혼인의 예이다.

5 冠婚之制 : 관례와 혼례의 제도.

CV388

8-3 遺體 積誠 忠諫 感悟 厲色 拂言

豈得A乎 : 어찌 A할 수 있겠는가?
豈可不A乎 : 어찌 A하지 않을 수 있겠는가?

遺 남길 / 끼칠 유
使 가령 / 가사 사
飢 주릴 기
飽 배부를 포
健 튼튼할 건
偏 치우칠 편
緣 가선 연 / 인연 연
積 쌓을 적
諫 간할 간
漸 점점 점
喩 깨우칠 유
悟 깨달을 오
遽 갑자기 거
厲 갈 려 / 엄할 려
拂 떨 불 / 거스를 불

兄弟는 同受父母遺體하여 與我如一身하니 視之를 當無彼我之間하여 飮食衣服有無를 皆當共之니라 設使兄飢而弟飽하고 弟寒而兄溫이면 則是一身之中에 肢體[6]或病或健也니 身心이 豈得偏安乎아 今人이 兄弟不相愛者는 皆緣不愛父母故也라 若有愛父母之心이면 則豈可不愛父母之子乎아 兄弟 若有不善之行이면 則當積誠忠諫하여 漸喩以理하여 期於感悟요 不可遽加厲色拂言하여 以失其和也니라

句解 設使 : 가령. 만일.

- 豈得偏安乎 : 偏은 '한쪽', 또는 '치우치다'의 의미임. '豈得~乎'는 '어찌 ~할 수 있겠는가?'로 해석. 得은 能의 의미.
- 期於感悟 : 감동하여 깨닫게 하기를 기약하다. 於는 感悟를 '期의 목적어'로 만들어 주는 구실을 한다.

형제兄弟는 부모가 남겨 주신 몸(遺體)을 함께 받아서 나와 더불어 한 몸과 같으니, 형제를 보기를 마땅히 저와 나의 구분이 없게 하여, 음식과 의복의 있고 없음을 모두 마땅히 함께해야 한다. 가령(設使) 형은 굶주리는데 아우는 배부르고, 아우는 추운데 형은 따뜻하다면, 이는 한 몸 가운데에 지체肢體가 어떤 것은 병들고 어떤 것은 건강한 것과 같으니, 몸과 마음이 어찌 한쪽만 편안할 수 있겠는가? 요즘 사람들이 형제간에 서로 사랑하지 않는 것은 모두 부모를 사랑하지 않기 때문이다. 만일 부모를 사랑하는 마음이 있다면 어찌 그 부모의 자식을 사랑하지 않을 수 있겠는가? 형

6 肢體 : 팔다리와 몸통.

CV389

제가 만일 좋지 못한 행실을 저지르면 마땅히 정성을 쌓아 충고해서, 점차 도리로써 깨우쳐 감동하여 깨닫게 하기를 기약할 것이요, 갑자기 노여운 낯빛과 거슬리는 말을 하여 그 화합함을 잃어서는 안 된다.

【출전】兄弟不相愛者 … 豈可不愛父母之子乎 :《家禮》〈通禮一〉

【해설】유학儒學의 입장에서 보면 형제자매兄弟姊妹는 부모님께서 남겨 주신 몸을 함께 받아서 태어났기 때문에 한 몸과 같은 존재로 여긴다. 따라서 형제자매 관계에는 마땅히 너와 나의 구분이 있을 수 없다. 이러한 사실을 안다면 사람은 누구나 자신을 사랑할 줄 모르는 사람이 없으니, 마땅히 자신을 사랑하는 마음으로 형제자매에게까지 미치기 마련이다.

8-4 矜持 衽席 情慾 禮敬 持身

今之學者 外雖矜持나 而內鮮篤實하여 夫婦之間 衽席之上에 多縱情慾하여 失其威儀라 故로 夫婦不相昵狎[7]而能相敬者 甚少하니 如是而欲修身正家인들 不亦難乎아 必須夫和而制以義하고 妻順而承以正하여 夫婦之間에 不失禮敬然後에 家事를 可治也리라 若從前相狎이라가 而一朝에 遽欲相敬이면 其勢難行[8]이니 須是與妻相戒하여 必去前習하고 漸入於禮 可也니라 妻若見我發言持身이 一出於正이면 則必漸相信而順從矣리라

不亦A乎 : 또한 A하지 않겠는가?

矜 엄숙할 긍
衽 옷깃 임
席 자리 석 / 깔개 석
縱 제멋대로 할 종
昵 친할 닐
狎 익숙할 압
勢 기세 세 / 형세 세

句解 欲修身正家 : 몸을 닦고 집안을 바로잡고자 하다. 欲은 '~하고자 하다'.

• 不亦難乎 : 또한 어렵지 않겠는가? '不亦~乎'는 반어형으로, '또한 ~아니한가?', '또한

7 昵狎 : 흉허물 없이 매우 친함.
8 其勢難行 : 그 세가 행해지기 어렵다. 공경하고자 하는 태도가 행해지기 어렵다는 뜻이다.

CV391

~하지 않겠는가?'라고 해석한다.

- 必須 : 반드시. 종전에는 '반드시 모름지기'라고 해석했으나, '모름지기'라는 말에 '반드시'라는 의미가 있으므로, 必과 須를 함께 해석해서 '반드시'라고 해석하는 것이 좋다.
- 家事可治 : 可治家事의 문장이나 목적어와 서술어가 도치되었다.
- 遽欲相敬 : 갑자기 서로 공경하고자 하다. 欲은 '~하고자 하다' 또는 '~하려고 하다'로 해석한다.

지금의 학자學者들은 겉으로는 비록 엄숙한 모습을 지니고 있지만, 속으로는 독실篤實함이 드물어서, 부부간에 이부자리 위에서 대체로 함부로 정욕을 부려서 그 위엄이 있고 엄숙한 태도나 차림새를 잃는 경우가 많다. 그러므로 부부가 서로 친압親狎하지 않으면서도 서로 공경할 줄 아는 이가 매우 적으니, 이와 같이 하면서 몸을 닦고 집안을 바로잡고자 한들 또한 어렵지 않겠는가? 반드시 남편은 온화溫和하면서도 의로써 제어하고, 아내는 유순柔順하면서 올바른 도리로써 받들어 부부 사이에 예의와 공경을 잃지 않은 뒤에야 집안일을 다스릴 수 있을 것이다. 만일 종전대로 서로 친압하다가 하루아침에 갑자기 서로 공경하고자 한다면 그 공경자세가 행해지기 어려우니, 모름지기 아내와 더불어 서로 경계하여 반드시 전날의 습관을 버리고 점차 예에 들어가는 것이 옳을 것이다. 아내가 만일 내가 말하고 움직이는 것이 한결같이 올바른 도리에서 나오는 것을 본다면 반드시 점점 서로 믿고 따르게 될 것이다.

【해설】 부부는 서로 아주 편한 사이기도 하지만 지켜야 할 예의와 법도를 따라 살아가는 사이이기도 하다. 따라서 부부 사이란 반드시 오래될수록 서로 아끼고 사랑하면서도 부부간의 예를 잃지 않고, 남편은 항상 아내를 공경하고, 아내 역시 남편을 공경할 때 화목한 가정이 이루어질 수 있으며, 조화로운 부부 관계가 원만히 지속될 수 있다.

8-5 放心 簡編 筆墨 雜技 外馳 畔學

生子에 自稍有知識時로 當導之以善이니 若幼而不教하여 至於旣長이면 則習非放心하여 教之甚難이니 教之之序는 當依小學[9]이니라 大抵一家之內에 禮法興行하고 簡編筆墨之外에 無他雜技면 則子弟亦無外馳畔學之患矣리라 兄弟之子는 猶我子也니 其愛之 其教之를 當均一이요 不可有輕重厚薄也니라

自A : A로부터
A猶B : A는 B와 같다

導 인도할 도
編 책 편 / 엮을 편
筆 붓 필
墨 먹 묵
馳 달릴 치
畔 배반할 반 / 밭두둑 반
薄 엷을 박

句解 自稍有知識時 : 지식이 조금 생길 때부터. 自는 '~로부터'.

- 教之甚難 : 가르치기가 매우 어렵다. 之는 주격 조사.
- 教之之序 : 가르치는 차례. 가르치는 순서. 教之라고 할 때의 之는 대명사로서 '그, 그들, 그것' 등으로 쓰이는데, 타동사의 목적어가 구체적으로 제시되지 않고 막연하게 쓰일 때는 번역하지 않고 생략하는 것이 순조롭다. 이 문장에서는 教의 목적어로서 자식을 가리킨다. 뒤의 之는 관형격 어미로서 '~의' 또는 '~하는'에 해당된다.
- 大抵 : '대체로 보아서', 또는 '무릇, 대강'의 뜻이나, 요즘은 발어사로 보아 해석하지 않는 경우도 있다.
- 外馳畔學之患 : 〈마음이〉 밖으로 달려가 배움을 저버리는 병통. 外馳는 馳於外에서 於가 생략되고 馳와 外가 도치되었다.

자식을 낳으면 지식이 조금 생길 때부터 마땅히 선善으로 인도해야 하니, 만일 어려서 가르치지 않고 이미 장성함에 이르면 그릇된 것을 익히고 방심하게 되어 가르치기가 매우 어렵다. 가르치는 차례는 마땅히 《소학小學》을 따라야 한다. 대체로 한 집

9 當依小學 : 마땅히 《小學》을 따름. 마땅히 《小學》에 의거함. 《소학》은 朱子가 제자 劉子澄에게 소년들을 학습시켜 교화시킬 수 있는 내용의 서적을 편집하게 하여 주자가 교열, 가필한 것이다. .

CV396

안에 예법이 흥행하고 서간書簡이나 책, 글씨 쓰기 이외에 다른 잡기雜技가 없으면, 자제들 또한 〈마음이〉 밖으로 달려가 배움을 저버리는 병통이 없을 것이다. 형제의 자식은 내 자식과 같으니, 그를 사랑하고 가르치기를 마땅히 균일하게 할 것이요, 경중輕重과 후박厚薄을 두어서는 안 된다.

【해설】 인성人性 교육은 생활 교육이다. 집안 어른과 형제자매의 모든 행동거지가 하나의 본보기가 되는 것이며, 주변 환경 모든 것이 교육의 큰 몫을 담당한다. 특히 부모나 형·누나·언니·오빠의 행동거지는 자라나는 자녀의 인성 교육에 있어 무엇보다도 큰 영향을 미칠 수 있다. 따라서 한 집안에서 예의 법도가 잘 지켜지고, 인성을 해칠 수 있는 잡기가 행해지지 않는다면, 자녀 역시 저절로 훈습薰習되어 배움을 저버리지 않게 될 것이다.

8-6 先恩後威 恤民 教誨 楚撻 改心革面

A之於B(也) : A가 B에 있어서

威 위엄 위
軫 슬퍼할 진
資 재물 자
誨 가르칠 회
革 바꿀 혁 / 가죽 혁
施 가할 시
楚 회초리 초
撻 매질할 달
憎 미워할 증
嫉 미워할 질 / 시기할 질

婢僕[10]은 代我之勞하니 當先恩而後威라야 乃得其心이니 君之於民과 主之於僕에 其理一也라 君不恤民則民散이니 民散則國亡하고 主不恤僕則僕散이니 僕散則家敗는 勢所必至라

其於婢僕에 必須軫念飢寒[11]하여 資給衣食[12]하여 使得其所[13]하고 而有過惡이면 則先須勤勤教誨하여 使之改革하고 教之不改然後에 乃施楚撻하여 使

10 婢僕 : 비복. 하인. 婢는 계집종을 뜻하고, 僕은 사내종을 의미하는데, 僕의 경우는 일반적인 하인이나 종을 가리킬 때에도 쓰인다.

11 軫念飢寒 : 굶주림과 추위를 깊이 염려함. 軫念은 '윗사람이 아랫사람의 사정을 걱정하여 생각함' 또는 '임금이 신하나 백성의 사정을 걱정하여 근심함'의 의미이다.

12 資給衣食 : 옷과 밥을 대 줌. 資給은 '物件 따위로 供給함, 베풀어 줌'의 의미이다.

13 使得其所 : 노비들로 하여금 살 곳을 얻게 함. 使婢僕得其所에서 婢僕이 생략되었다. 其所는 '그 장소'로서 노비들이 마땅히 거처하거나 살 곳.

其心으로 **知厥主之楚撻**이 **出於敎誨**요 **而非所以憎嫉**이니 **然後**에 **可使改心革面矣**리라

句解 君之於民 : 임금이 백성에게 있어서. 之는 주격 조사. 於는 '~에(게) 있어서'. 다음의 '주지어복'도 같다.

- 勢所必至 : 반드시 이르게 되는 형세. 所必至之勢의 문장이 도치되면서 之가 생략되었다.
- 使之改革 : 之는 허물과 악행을 저지른 婢僕을 가리키는 대명사.
- 敎之不改 : 之는 앞의 글자 敎를 타동사로 만들어 주는 역할만을 하는 타동사의 목적어이다. 따라서 之가 없으면 敎는 명사가 된다.

남녀 노비들(婢僕)은 나의 수고로움을 대신하니, 마땅히 은혜를 먼저 베풀고 위엄을 뒤에 부려야 비로소 그들의 마음을 얻게 된다. 임금의 백성에 대한 관계와 주인主人의 노비에 대한 관계에 있어서 그 이치는 똑같다. 임금이 백성을 돌보지 않으면 백성은 흩어질 것이고, 백성이 흩어지면 나라가 망하며, 주인이 노비를 돌보지 않으면 노비가 흩어질 것이고, 노비가 흩어지면 집이 패망하는 것은 반드시 이르게 되는 형세이다.

그 노비에 대하여 반드시 그들의 추위와 굶주림을 깊이 염려해서 옷과 밥을 대 주고 살 곳을 얻을 수 있게 해 주되, 허물과 악행이 있으면 우선은 모름지기 부지런히 가르쳐서 그들로 하여금 고치게 하고, 가르쳐도 고치지 않은 뒤에야 회초리로 매를 가해서(施) 그 마음으로 하여금 주인이 회초리로 때리는 것이 가르침에서 나온 것이지, 미워해서가 아님을 알게 해야 하니, 그런 뒤어야 마음을 고치고 얼굴을 바꾸게 할 수 있을 것이다.

【출전】 先恩而後威 : 《書經》〈禹書·益稷〉 6章

【해설】 율곡은 집안에서 부리는 노비와 주인의 관계를 임금과 백성의 관계로 보고, 임금이 백성을 사랑하듯 주인은 노비를 사랑으로 대할 것을 강조하고 있는데, 이는 당시 신분제 사회의 풍토에서 본다면 매우 개혁적인 사고의 소유자였음을 알 수 있다.

CV398

8-7 治家 家風 和睦 禁制

不可A : A해서는 안 된다

辨 분별할 변
混 섞을 혼
輒 제멋대로 할 첩
黜 내칠 출
汚 더러울 오
睦 화목할 목
鬪 싸움 투
鬩 다툴 혁
喧 시끄러울 훤
噪 떠들썩할 조
禁 금할 금

治家에 當以禮法으로 辨別內外[14]하여 雖婢僕이라도 男女不可混處니 男僕이 非有所使令이면 則不可輒入內[15]하고 女僕을 皆當使有定夫하여 不可使淫亂이니 若淫亂不止者는 則當黜使別居[16]하여 毋令汚穢家風이니라 婢僕을 當令和睦이니 若有鬪鬩喧噪者어든 則當痛加禁制니라

句解 以禮法辨別內外 : '以A爲B'의 구문으로서, 여기에서의 爲에 해당하는 술어는 辨別이다. 따라서 '예법으로써(예법을 가지고) 내외를 변별하다'고 해석하는 것이다.

• 淫亂不止 : 不止淫亂에서 목적어와 서술어가 도치되었다.

집안을 다스림에 마땅히 예법으로써 내외內外를 변별하여 비록 노비(婢僕)라도 남자와 여자가 뒤섞여 거처해서는 안 되니, 남자 종(男僕)은 시키는 바가 있지 않으면 멋대로 안에 들어가서는 안 된다. 여자 종(女僕)은 모두 마땅히 정해진 남편을 두어 음란한 짓을 하도록 하여서는 안 되니, 만일 음란한 짓을 그치지 않는 자라면 마땅히 내쫓아 따로 거처하게 해서 가풍을 더럽히지 않게 해야 한다. 노비를 마땅히 화목和睦하게 해야 할 것이니, 만일 싸우거나 다투고(鬪鬩), 시끄럽게 떠드는(喧噪) 자가 있거든 마땅히 통렬하게 금지와 제재를 가해야 한다.

【출전】若有鬪鬩喧噪者 則當痛加禁制 :《家禮》〈通禮一〉

14 內外 : 안과 밖이라는 뜻으로 쓰이나, 여기서는 남과 여의 뜻으로 쓰였다.

15 不可輒入內 : 불쑥 안에 들어갈 수 없음. 과거의 가옥 구조상 사랑채와 안채를 구분하여 남자 종으로 하여금 시키는 것이 없으면 함부로 불쑥불쑥 안채에 들어갈 수 없게 하였다.

16 使別居 : 음란한 짓을 그치지 않는 자로 하여금 따로 거처하게 함. 使淫亂不止者別居에서 淫亂不止者는 바로 앞에 나왔으므로 생략되었다.

CV401

【해설】 주자학을 기조로 하는 유교 이념은 남녀유별男女有別을 천부적인 것으로 규정하기에 이르렀고 이러한 남녀의 유별관은 우주 만물의 기초가 되는 것으로 보아 남녀의 관계를 천지와 군신의 관계에 비유할 정도였다. 이러한 남녀유별은 노비에게도 적용이 되어, 남자 노비는 특별한 지시가 없으면 안채에 출입할 수 없었으며, 노비들 간에도 남녀가 서로 섞여서 가풍을 어지럽히지 않도록 엄한 규제를 하였으며, 이것이 지켜지지 않을 경우에는 내쫓도록 한 것이다.

8-8 憂道 動心

君子憂道요 不當憂貧이니 但家貧하여 無以資生이면 則雖當思救窮之策이나 亦只可免飢寒而已요 不可存居積豊足之念이며 且不可以世間鄙事로 留滯于心胸之間이니라

古之隱者[17] 有織屨而食者 樵漁而活者 植杖而耘者하니 此等人은 富貴不能動其心이라 故로 能安於此하니 若有較利害計豊約之念이면 則豈不爲心術之害哉아 學者는 要須以輕富貴守貧賤爲心이니라

無以A : A할 것이 없다
只可A而已(矣) : 다만 A만 할 수 있을 뿐이다
豈不A哉 : 어찌 A하지 않을 수 있겠는가?

窮 궁할 궁
策 꾀 책
居 쌓아둘 거
鄙 천박할 비
留 머물 유
滯 막힐 체
胸 가슴 흉
隱 숨을 은
織 짤 직
屨 신 구
樵 땔나무 초
植 둘 치
杖 지팡이 장
耘 김맬 운
約 빈곤할 약

句解 無以資生 : 의뢰하여 살아갈 수 없음. 무엇이든 밑천으로 삼아 살아갈 것이 없음. 여기에서 以의 목적어는 생략되었다. 以의 목적어가 '무엇이든', 또는 '어떻게 해서이든' 등의 의미에 해당될 경우 以의 목적어는 생략된다.

- 留滯于心胸之間 : 于는 於와 같다.
- 豈不爲心術之害哉 : '豈 ~ 哉'는 '어찌 ~하겠는가?'의 반어형 문장이다.

17 隱者 : 세상을 등지고 사는 선비. 隱人. 隐士. 어떤 일에 무관심하거나 침묵을 지키며 앞에 나서지 않는 사람을 통칭함.

CV402

• 要須 : 要는 '~해야 한다'.

군자君子는 도道를 근심해야지, 가난을 근심해서는 안 된다. 다만 집이 가난하여 의뢰하여 살아갈 수가 없으면 비록 마땅히 빈궁함을 구제할 대책을 생각하여야 하나 또한 다만 굶주림과 추위를 면할 수 있을 뿐이요, 많이 쌓아 두고〔居積〕 풍족하게 살려는 생각을 가져서는 안 되며, 또 세간世間의 비루한 일을 마음속에 머물러 두어서는 안 된다.

옛날의 은자隱者 중에는 신을 삼아 팔아서 먹고 산 자와 땔나무를 하거나 고기를 잡아서 생활한 자와 지팡이를 꽂아 놓고 김을 매며 산 자가 있었으니, 이런 사람들은 부귀가 그 마음을 움직일 수 없었다. 그러므로 이에 편안할 수 있었던 것이니, 만일 이해利害를 따지고 풍성함과 가난함〔豐約〕을 헤아리는 생각이 있다면 어찌 마음을 수양하는 데 해롭지 않겠는가? 배우는 자는 반드시 부귀를 가벼이 여기고 빈천을 지키는 것을 마음으로 삼아야 할 것이다.

【출전】君子憂道 不當憂貧 : 《論語》〈衛靈公〉

○ 織屨而食者 : 《孟子》〈滕文公上〉, 《三國遺事》卷第五, 〈廣德嚴莊〉

○ 植杖而耘者 : 《論語》〈微子〉

【해설】유학儒學에 있어서 학문이란 의·식·주 등의 육체적 욕구를 추구하는 길에서 벗어나 궁극적으로 삶의 주체인 천명天命을 찾아가는 길이므로 의·식·주에 집착한다면 이는 바람직한 군자君子의 태도라고 할 수 없다. 따라서 학문學問을 하더라도 그것이 벼슬하는 데에만 목적이 있는 것이 아니다. 오직 참다운 가치를 추구하는 일에만 전력한다. 벼슬에 목적을 두지 않는 위기지학爲己之學에 전력하는 것이다.

8-9 貧窶 用功

居家[18]에 貧窶면 則必爲貧窶所困하야 失其所守[19]者多矣라 學者 正當於此處用功이니 古人曰 窮視其所不爲하며 貧視其所不取라하고 孔子曰 小人은 窮斯濫矣[20]라하시니 若動於貧窶하여 而不能行義면 則焉用學問爲哉리오 凡辭受取與之際에 必精思義與非義하여 義則取之하고 不義則不取하여 不可毫髮放過니라

爲A所B : A에게 B하는 바 되다

窶 가난할 구
濫 넘칠 람
毫 터럭 호
髮 터럭 발

句解 爲貧窶所困 : 가난에 찌들리게 됨. '爲A所B'는 'A에 의하여 B되어지다, A에 의하여 B하게 되다'는 뜻의 수동형 구문이다. 따라서 이 문장을 직역하면, '가난에 의하여 찌들리게 되다'가 된다.

- 焉用學問爲哉 : 焉은 '어찌'의 뜻이고, 哉는 의문형 종결어미이다.
- 辭受取與之際 : 사양하고 받으며 취하고 주는 즈음. 際는 '사이, 즈음, 때' 등의 의미이다.

집에서 생활할 때에 가난(貧窶)하면 반드시 가난에 찌들려서 마땅히 지켜야 할 도리를 잃어버리는 자가 많다. 배우는 자는 바로 이런 곳에 힘을 써야 한다. 옛사람이 말하기를, "곤궁할 때에는 그가 하지 않는 행위를 살펴보고, 가난할 때에는 그가 취하지 않는 재물을 살펴본다(窮視其所不爲 貧視其所不取)." 하였고, 공자께서 말씀하시기를, "소인小人은 곤궁하면 넘친다(小人은 窮斯濫矣)." 하셨으니, 만일 가난에 마음이 동요되어 올바른 도리를 행할 수 없다면 학문學問을 어디에 쓰겠는가? 무릇 사양하고 받

18 居家 : 집에 머묾. 때로 '집안을 꾸미다, 집안을 다스리다'의 뜻으로 쓰일 때가 있지만 여기서는 집에서 생활한다는 뜻.

19 失其所守 : 그 지키는 바를 잃음. 여기에서 '지키는 바'란 '마땅히 지켜야 할 도리'를 의미한다.

20 窮斯濫矣 : 곤궁하면 넘친다. 소인이 궁하면 放逸하여 나쁜 짓을 하는 것을 의미한다.

CV404

으며 취하고 주는 즈음에는 반드시 의로운가 의롭지 않은가를 자세히 생각해서 의로우면 취하고 의롭지 않으면 취하지 아니하여, 털끝만큼이라도 그대로 지나쳐 버리지 말아야 한다.

【출전】窮視其所不爲 貧視其所不取 :《史記》〈魏世家〉
○ 小人窮斯濫矣 :《論語》〈衛靈公〉

8-10 通財 有名 無名 賻喪 贐行 飢乏

所謂A者 : 이른바 A라는 것은

乏 가난할 핍
饋 줄 궤 / 먹일 궤
賻 부의 부
贐 노자 신
周 구휼할 주

若朋友는 則有通財之義하니 所遺를 皆當受로되 但我非乏而遺以米布면 則不可受也니라 其他相識者면 則只受其有名之饋[21]하고 而無名則不可受也니 所謂有名者는 賻喪 贐行 助婚禮 周飢乏之類 是也라

句解 若朋友 : 若은 '~으로 말할 것 같으면'의 의미로 쓰였다.

친구로 말하면 재물을 함께(通) 쓰는 의리가 있으니, 주는 바를 마땅히 받아야 하되, 다만 내가 궁핍하지 않은데도 쌀이나 베를 주면 받아서는 안 된다. 기타 서로 알고 지내는 자는, 다만 명분名分이 있는 선물을 받을 것이요, 명분이 없는 것은 받지 말아야 한다. 이른바 명분이 있다는 것은 상사 때의 부의賻儀나, 여행 때의 노자路資나, 혼인 때의 부조扶助나, 굶주림을 구원해 주는 것 등이 이것이다.

【출전】朋友有通財之義 :《論語》〈鄕黨〉

CV408

21 有名之饋 : 명분이 있는 선물. 饋는 '보내준 음식이나 물품'을 의미할 때는 '선사 궤'라고 한다.

8-10 行義

若是大段惡人心所鄙惡者는 則其饋雖有名이나 受之면 心必不安이리니 心不安이면 則不可抑而受之也니라 孟子曰 無爲其所不爲하며 無欲其所不欲이라하시니 此是行義之法也니라

段 구분 단
抑 누를 억

句解 大段惡人心所鄙惡者 : 대단한 악인으로서 마음에 더럽고 나쁘게 여기는 사람. 마음으로 더럽고 나쁘게 여기는 대단한 악인. 이 문장은 영문법의 형태로 따지면 人과 心 사이에 'who is'와 같은 '관계대명사+be동사'가 생략된 형태로 된 구문이다.

- 此是行義之法也 : 이것이 의를 행하는 법이다. 이때의 是는 '이, 이것(This)'의 뜻으로 사용된 것이 아니라 '~이다'의 뜻으로 쓰였다.

만일 대단한 악인으로서 마음에 더럽고 나쁘게 여기는 사람이면, 그 선물이 비록 명분이 있다 하더라도 받으면 마음이 반드시 편안하지 못할 것이니, 마음이 편안하지 못하면 그 마음을 억누르고 받아서는 안 된다. 맹자께서 말씀하시기를, "마땅히 하지 말아야 할 것을 하지 말고, 마땅히 바라지 말아야 할 것을 바라지 말라〔無爲其所不爲 無欲其所不欲〕."고 하셨으니, 이것이 바로 의를 행하는 법이다.

○ 無爲其所不爲 無欲其所不欲 :《孟子》〈盡心 上〉

【해설】 군자君子의 삶은 천명天命을 실천하는 데 있고 소인小人의 삶은 몸의 욕구慾求를 충족하는 데 있다. 그러므로 소인은 몸의 욕구를 충족시킬 수 있는 의衣·식食·주住가 부족하면 지조를 잃게 되지만 군자의 삶은 이에 좌우되지 아니한다. 그러므로 군자는 곤궁함을 당하더라도 물질적인 것에 집착하지 아니하므로 견뎌낼 수 있지만, 소인은 참지 못하고 그것을 모면하기 위하여 무슨 짓이든지 하는 것이다. 이것이 "소인은 곤궁하면 넘친다."는 말이다.

CV409

8-12 中朝 私俸 公穀 犯贓 犯禁 官庫 親疏

可以A : A할 수 있다
豈可A乎 : 어찌 A할 수 있겠는가?

宰 재상 / 수령 재
俸 녹 봉
穀 곡식 곡
需 필요할 수
譴 꾸짖을 견
犯 범할 범
贓 장물 장
抵 막을 저 / 거스를 저
疏 멀 소
衙 관청 아 / 마을 아

中朝[22]則列邑之宰 有私俸[23]이라 故로 推其餘[24]하여 可以周人之急矣어니와 我國則守令이 別無私俸하고 只以公穀[25]으로 應日用之需[26]어늘 而若私與他人이면 則不論多少하고 皆有罪譴하여 甚則至於犯贓[27]하고 受者亦然[28]하니 爲士而受守令之饋면 則是乃犯禁也라 古者에 入國而問禁하니 則居其國者 豈可犯禁乎아 守令之饋는 大抵難受하니 若私與官庫之穀이면 則不論人之親疏名之有無物之多寡하고 皆不可受也니라〔若分厚邑宰 以衙中私財周急 則或可受也〕

句解 可以周人之急 : 남의 위급함을 도와줄 수 있다. 이 문장에서 以의 목적어는 其餘인데, 바로 앞에 나왔으므로 생략되었다. 즉 可以其餘周人之急의 문장 형태로 '그 나머지를 가지고 남의 위급함을 도와줄 수 있다'는 뜻이다.

- 私與他人 : 與는 '주다, 수여하다'.
- 不論多少 : 많고 적음을 따지지 않 음. 多少는 일반적으로 '다소, 어느 정도' 등의 의미로 쓰이나, 여기서는 '많고 적음'으로 쓰였다.

22 中朝 : 중국의 조정. 전하여 중국.
23 私俸 : 사사로운 녹봉. 개인적으로 주는 녹봉.
24 推其餘 : 그 나머지를 미루다. 사사로운 녹봉 중에서 남는 것을 헤아림.
25 公穀 : 나라, 관청 등에서 소유하는 곡식.
26 應日用之需 : 일상의 수요에 대응하다. 일상의 수요를 충당하다.
27 至於犯贓 : 장죄를 범하는 데 이름. 즉 장물공여죄를 범하기에 이른다는 뜻이다.
28 受者亦然 : 받은 사람 또한 그러하다. 즉 사사로이 준 것을 받으면 받은 사람 역시 장물수취죄를 범하기에 이른다는 뜻이다.

CV411

중국(中朝)에는 여러 읍의 수령들에게 사사로운 녹봉(私俸)이 있다. 그러므로 그 중에서 남는 것을 미루어 남의 위급함을 도와줄 수 있거니와, 우리나라는 수령守令들에게 별도로 받는 사사로운 녹봉이 없고 다만 공곡公穀으로써 일상의 수요를 충당하고 있는데, 만약 사사로이 남에게 준다면 많고 적음을 따질 것 없이 다 죄에 걸려, 심하면 장물죄贓物罪를 범하는 데에 이르고, 받은 사람도 또한 그러하니, 선비가 되어 수령의 선물을 받으면 이는 바로 금지하는 법령을 위반하는 것(犯禁)이다.

옛날에는 다른 나라에 들어갈 때에도 그 나라에서 금하는 것을 물었으니, 그 나라에 사는 자가 어찌 금지하는 법령을 위반할 수 있겠는가? 수령의 선물은 대개 받기가 어려우니, 만일 국고의 곡식을 사사로이 준다면 관계의 친소와 명분의 유무와 재물의 다과多寡를 막론하고 모두 받지 말아야 한다. (만일 친분이 두터운 수령이 관아에 있는 사재로 위급함을 도와준다면 받을 수도 있다.)

【출전】入國而問禁 :《禮記》〈曲禮上

【해설】조선시대 지방의 수령에게는 사적으로 주는 녹봉이 없고 다만 공곡公穀만 있었으므로, 양의 많고 적음을 막론하고 수령은 사적으로 봉록의 일부를 남에게 주어서는 안 되고, 또한 친소와 명분의 유무를 막론하고 받아서도 안 된다는 것을 말하고 있다.

接人章第九 제 9장 예의 바른 사회생활

9-1 接人 和敬 恃學 尙氣 陵人

陵 업신여길 능

凡接人에 當務和敬이니 年長以倍어든 則父事之하고 十年以長이어든 則兄事之하고 五年以長이어든 亦稍加敬이니 最不可恃學自高尙氣陵人也니라

句解 當務和敬 : 마땅히 온화하고 공경하게 할 것을 힘씀. 和와 敬은 務의 목적어이다.

- 年長以倍 : '以倍年長(배로써 나이가 많다)'라는 문장이 도치된 것으로, 직역하면 "나이가 많기를 배로써 하다."가 된다.
- 父事之 : 아버지 섬기는 도리로 섬기다. 父以事之에서 以가 생략되었다. 이때의 以는 신분 또는 자격을 나타내는 의미로 쓰였다.
- 十年以長 : 나이가 10년이 많다. 이 문장은 '年長以十年(나이가 많기를 10년으로써 하다)'에서 年이 생략되고 長以十年이 도치된 것으로 직역하면, "10년으로써 나이가 많다."
- 兄事之 : 위의 父事之와 같이 以가 생략된 문장이다.
- 五年以長 : 위의 十年以長과 같은 문장 형태이다.
- 亦稍加敬 : 또한 조금씩 공경을 더함. 稍는 '점점', 또는 '조금씩'의 의미이다.
- 恃學自高 : 배운 것을 믿고 스스로 고상한 체함. 배운 것을 믿고 스스로를 높임. 自가 타동사의 목적어로 쓰일 때는 항상 동사의 앞에 놓인다.

CV5892

무릇 사람을 대할 때(接人)에는 마땅히 온화하고 공경하게 할 것을 힘써야 하니, 나

보다 나이가 갑절이 많으면 아버지를 섬기는 도리로 섬기고, 10년이 많으면 형을 섬기는 도리로 섬기고, 5년이 많으면 또한 약간 공경을 더하는 것이다. 가장 해서는 안 될 것은 배운 것을 믿고 스스로 고상한 체하며 기운을 숭상하여 남을 업신여기는 일이다.

【출전】年長以倍 … 亦稍加敬 : 《禮記》〈曲禮上〉

【해설】사람을 대할 때 가장 중요한 태도는 온화溫和함과 공손恭遜하여야 하는 것인데, 이 온화함과 공손함은 자기 자신의 내면內面에서 우러나는 공손함이어야지 다른 목적이 있어서는 안 된다. 따라서 공손함이란 자신에 대한 몸가짐이 공손한 것이므로 이는 자신이 남보다 낫다고 뽐내거나 자만하지 아니하는 것이고, 사람을 대함에 온화하고 공손하다는 것은 남에게 잘 보여서 출세하려는 등의 계산적인 마음으로 섬기는 것이 아니라 순수하게 사람 된 도리道理로써 사람을 대한다는 것이다.

9-2 擇友 好學 好善 方嚴 直諒 規戒 怠惰 好嬉 柔佞 不直

擇友에 必取好學好善方嚴直諒之人하여 與之同處하여 虛受規戒하여 以攻吾闕하고 若其怠惰好嬉柔佞不直者 則不可交也니라

與AB : A와 B하다

擇 가릴 택
方 방정할 방
嚴 엄할 엄
諒 진실할 량 / 믿을 량
虛 빌 허
規 바로잡을 규
攻 다스릴 공
闕 결점 궐
怠 게으를 태
惰 게으를 타
柔 부드러울 유
佞 구변좋을 녕

句解 必取好學好善方嚴直諒之人 : '必取好學之人, 必取好善之人, 必取方嚴之人, 必取直諒之人.' 이라는 문장을 줄여서 쓴 것이다.

- 與之同處 : 그와 더불어 함께 거처하다. 之는 '학문을 좋아하고 선을 좋아하며 바르고 엄하며 정직하고 진실한 사람'을 가리키는 대명사이다.
- 虛受規戒 : 겸허한 마음으로 바로잡아 주고 경계해 줌을 받아들임. 虛는 겸허한 마음. 規는 본래 '법, 규범, 규칙, 모범, 그림쇠' 등의 뜻을 지녔는데, 여기서는 '바로잡다'의 뜻으로 쓰였다.
- 以攻吾闕 : 나의 결점을 다스림. 以는 '그렇게 함으로써'. 攻은 '다스리다'의 뜻. 闕은 '빠지다'의 뜻으로, 여기서는 전하여 '결점'으로 쓰였다.
- 柔佞不直者 : 아첨을 잘하고 말재주만 뛰어나고 바르지 못한 자. 柔는 '부드럽다', '순

CV5894

하다'의 뜻인데, 여기서는 '아첨하다'로 쓰였다. 佞은 '말재주가 뛰어남'. 《論語》〈公冶長〉에 "雍은 仁하나 말재주가 없다.〔雍也 仁而不佞〕"는 표현이 보인다.

벗을 선택할 때에는 반드시 학문을 좋아하고〔好學〕 선善을 좋아하며〔好善〕 바르고 엄하며〔方嚴〕 정직하고 진실한 사람〔直諒〕을 취하여, 그와 더불어 함께 거처하여 겸허한 마음으로 바로잡아 주고 경계해 줌을 받아들여 나의 결점을 다스려야 한다. 만일 게으르고〔怠惰〕 놀기를 좋아하며〔好嬉〕 아첨을 잘하고 말재주만 뛰어나고〔柔佞〕 바르지 못한 자〔不直〕일 경우는 사귀어서는 안 된다.

【해설】《논어論語》〈안연顔淵〉에 "군자君子는 글로써 벗을 모으고, 벗으로써 인仁을 돕는다.〔君子 以文會友 以友輔仁〕"라는 글이 있다. 벗〔友〕이란 인仁을 돕는 것이다. 그런데 벗이란 행동을 같이 하게 되므로 착한 벗과 함께 있으면 자기의 착한 마음이 계발되고 악한 벗과 함께 있으면 자기의 악한 마음이 계발된다. 따라서 훌륭한 벗은 먼저 정직하여야 하고, 그 정직함이 오래 지속될 수 있도록 우직하여야 하며, 또 그것이 외골수에 빠지지 않을 수 있도록 견문이 많아야 한다. 이와 반대로 해로운 벗은 정직하지도 않고 우직하지도 않으며 견문見聞이 좁아 자기편의주의에 빠지는 사람이다.

9-3 陋行 敍寒暄 怨怒

不可A : A해서는 안 된다
至於A : A에까지

鄕 고을 향
揚 날릴 양 / 오를 양
陋 좁을 루 / 천할 루
敍 차례 서 / 진술할 서
暄 따뜻할 훤

鄕人之善者는 則必須親近通情하고 而鄕人之不善者는 亦不可惡言揚其陋行이요 但待之泛然[1]하여 不相往來니 若前日相知者는 則相見에 只敍寒暄[2]하고 不交他語면 則自當漸疎하여 亦不至於怨怒矣리라

句解 不可 : ~해서는 안 된다. 不可는 부정형과 금지형 두 가지 의미로 쓰이는데, 여기서는

CV5895

1 泛然 : 보기에 차근차근한 맛이 없이 데면데면한 데가 있음.
2 寒暄 : 日氣의 춥고 더움을 묻는 인사. 전하여 근황 또는 안부.

금지형으로 쓰였다.

- 惡言揚其陋行 : 以惡言揚其陋行에서 以가 생략된 문장이다.
- 不至於怨怒 : 원망하고 노여워함에 이르지 않음. 於는 '~에', 또는 '~에까지'

고을 사람 중에 선善한 자는 반드시 가까이 지나면서 정을 통하고, 고을 사람〔鄕人〕 중에 선하지 않은 사람이라도 역시 나쁜 말로 그의 더러운 행실을 드러내서는 안 되며, 다만 범연泛然하게 대하여서 서로 왕래하지 않아야 한다. 만일 전날에 서로 알고 지내던 자라면 서로 만났을 때 다만 근황近況〔寒暄〕이나 묻고 다른 말을 주고받지 않는다면, 저절로 마땅히 점점 소원疎遠해져서 또한 원망하고 노여워함에 이르지 않을 것이다.

【출전】 鄕人之善者 :《論語》〈子路〉

○ 敍寒暄 :《家禮》〈通禮二〉

【해설】 사람은 환경環境의 지배를 받는다고 한다. 아무리 좋은 자질資質을 갖고 태어났다고 하더라도 그 사람이 처한 환경에 따라 변화되기 마련이다. 우리는 주변에서 평소 공부도 잘하고 부모님 말씀도 잘 듣고 하던 친구가 불량배와 어울리게 되면서 자연스레 불량배가 되는 경우를 볼 때도 있다. 이러한 것은 교우 관계뿐 아니라 우리가 살고 있는 주변 환경도 우리에게 중요한 영향을 끼치고 있다. 그러므로 우리는 누구나 좋은 사람을 가려서 사귈 필요가 있는 것이며, 좋은 환경을 택해서 살아야 하는 것이다.

9-4 同聲 相應 同氣 相求 喧囂 度日

同聲相應하며 同氣相求하나니 若我志於學問이면 則我必求學問之士요 學問之士 亦必求我矣리라 彼名爲學問而門庭[3]에 多雜客하여 喧囂度日者는 必其所樂 不在學問故也니라

應 응할 응
庭 뜰 정
喧 시끄러울 훤
囂 왁자지껄할 효

3 門庭 : 대문이나 중문 안에 있는 뜰.

CV5890

句解 同氣相求 : 같은 기운은 서로 찾음. 求는 '구하다'의 뜻으로 쓰이나, 여기서는 '찾는다'는 뜻으로 쓰였다.

- 我志於學問 : 志는 '뜻을 두다'라는 동사로 쓰였다.
- 學問之士 : 學問은 '학문하다'라는 동사로 쓰였다. 之는 '~의', '~하는'의 의미로 쓰인 관형격 어미.

같은 소리는 서로 응하고(同聲相應), 같은 기운은 서로 찾게 되니(同氣相求), 만일 내가 학문學問에 뜻을 두고 있다면 나는 반드시 학문하는 선비를 찾을 것이요, 학문하는 선비도 또한 반드시 나를 찾을 것이다. 저가 명분상 학문을 한다고 하면서도 문정門庭에 잡객雜客이 많아서 시끄럽게 떠들면서 세월을 보내는 자는 반드시 그가 좋아하는 바가 학문에 있지 않기 때문이다.

【출전】同聲相應 同氣相求 :《周易》〈乾·文言傳〉

【해설】모든 사람들은 단독으로 살아가는 것이 아니라, 무리를 이루어 살아간다. 그리고 성장하면서는 각각의 특성特性과 기호嗜好에 맞게 무리를 만들고 사회를 만들고 나라를 만든다. 그런데 이렇게 무리를 만들거나 집단을 형성함에 있어서 각각의 구성원들을 살펴보면 서로 유사한 점이라든가 공통점이 있어야 무리나 집단의 형성이 수월하며 또한 유지될 수 있다. 그러므로 만물은 자신이 소속된 집단의 흐름에 하나 되면 길하고 그렇지 못하면 흉하다.

9-5 拜揖 預定 執友 爵階 堂上 曲折 卑尊 胸中 恭人

拜 절 배
揖 절 읍
預 미리 예
洞 골 동
歲 해 세
爵 벼슬 작

凡拜揖之禮는 不可預定이니 大抵父之執友[4]는 則當拜요 洞內年長十五歲以上者는 當拜요 爵階堂上[5]而長於我十年以上者는 當拜요 鄉人年長二十歲以上者는 當拜로되 而其間高下曲折은

4 執友 : 아버지의 친구를 이르는 말.《禮記》〈曲禮上〉에 나오는 말이다. 전하여 벗 또는 뜻을 같이하는 친구.

5 堂上 : 조선시대에 둔, 정삼품 이상의 품계에 해당하는 벼슬을 통틀어 이르는 말.

在隨時節中[6]이요 亦不必拘於此例니 但常以自卑尊人底意思로 存諸胸中이 可也니라 詩曰 溫溫恭人이 惟德之基라하니라

句解 十五歲以上 : 15세 이상. 여기서의 以의 용법은 '일정한 시간이나 장소를 한계로 해서 ~로부터'의 의미로 쓰였다. 예) 以上, 以下.

- 存諸胸中 : 가슴속에 두다. 諸는 之於의 준말. 이때에는 '저'라고 발음한다.

무릇 절하고 읍(拜揖)하는 예는 미리 결정할 수 없으니, 대개 아버지의 집우執友면 마땅히 절을 해야 하고, 동네(洞內)에서 나이가 15세 이상인 자에게는 마땅히 절을 해야 하고, 벼슬의 품계(爵階)가 당상堂上이고 나보다 10세 연상인 자에게는 마땅히 절을 해야 하고, 마을 사람으로서 나이가 20세 이상인 자에게는 마땅히 절하되, 그 사이에 높이고 낮추는 자세한 예절은 때에 따라 알맞게 할 것이요, 또한 반드시 이 예禮에 구애拘礙될 것은 없으니, 다만 항상 자신을 낮추고 남을 높인다는 뜻을 가슴속에 두는 것이 옳다. 《시경詩經》에 이르기를 "온순하고 공손한 사람이 덕德의 근본이다(溫溫恭人이 惟德之基)."고 하였다.

【출전】詩曰 : 《詩經》〈大雅·蕩之什·抑〉

【해설】절이나 인사는 많은 예절 가운데서도 가장 기본이 되는 표현으로서, 상대방을 인정認定하고 존경尊敬하며 반가움을 나타내는 형식의 하나이다. 여러 사람과 더불어 명랑한 생활을 보내고 즐거운 관계를 가지기 위해서는 먼저 인사를 통해 존경과 친밀의 마음을 표시해야 한다. 또한 인간관계를 원활히 하기 위해 일정한 형식, 또는 의례적인 상호 행위이다.

6 隨時節中 : 때에 따라 알맞게 함. 事理나 形便에 꼭 들어맞음.

CV5897

9-6 毁謗 自省 自責 內訟 改過 虛實 虛謗

若A則 : 만약 A라면

毁 헐 훼
謗 헐뜯을 방
訟 송사할 송
憚 꺼릴 탄
衍 넘칠 연/불어날 연
剗 깎을 잔
鋤 호미 서
愆 허물 건
捏 꾸밀 날

人有毁謗我者어든 則必反而自省이니 若我實有可毁之行이면 則自責內訟하여 不憚改過하고 若我過甚微而增衍附益이면 則彼言雖過나 而我實有受謗之苗脈[7]하니 亦當剗鋤前愆하여 不留毫末하고 若我本無過而捏造虛言이면 則此不過妄人而已니 與妄人으로 何足計較虛實哉리오 且彼之虛謗이 如風之過耳 雲之過空하니 於我에 何與哉아 夫如是면 則毁謗之來에 有則改之하고 無則加勉하여 莫非有益於我也리라

句解 自責內訟 : 스스로를 꾸짖고 안으로 따짐. 自가 타동사의 목적어로 쓰일 때에는 어순이 도치된다. '자自+타동사'.

- 剗鋤 : 제거하다. 剗은 '깎다'의 뜻이고, 鋤는 원래 '호미'를 의미하는데, 호미로 김을 매고, 잡초 등을 제거하므로, '김매다, 제거하다'의 의미도 있다. 여기서는 '제거하다'의 의미로 쓰임.
- 捏造 : 날조. 사실이 아닌 것을 사실인 것처럼 거짓으로 꾸밈. 捏은 '이기다, 반죽하다'의 뜻인데, 여기서는 '없는 일을 있는 것처럼 만들어 내다'의 의미로 쓰였다.
- 不過 : ~에 지나지 않다. ~에 불과하다.
- 風之過耳 雲之過空 : 바람이 귓가를 스쳐 지나가고, 구름이 허공을 지나감. 이때의 之는 '주격 조사'로 쓰였다.
- 有則改之 : 있으면 그것을 고침. 이 문장은 有 다음에, 毁謗 내지는 可毁謗之行이 생략되었으며, 之는 毁謗 내지는 可毁謗之行을 가리키는 대명사이다.

CV5898

7 苗脈 : 사물이나 일이 생기게 되는 근본이나 원인.

사람들 중에 나를 헐뜯고 비방誹謗하는 자가 있으면 반드시 돌이켜 스스로 살펴야 하니, 만약 나에게 실제로 헐뜯음을 당할 만한 행실이 있었으면 스스로 꾸짖고 안으로 따져서 허물을 고치기를 꺼리지 말 것이요, 만약 나의 잘못이 매우 미미한데 불리고 보태어 늘렸다면 저의 말이 비록 지나치나 나에게 실제로 비방을 받을 만한 원인〔苗脈〕있는 것이니, 또한 마땅히 전의 잘못을 제거하여 털끝만큼도 남겨 두지 말 것이요, 만약 나에게 본래 허물이 없는데 거짓말을 날조했다면, 이는 망령된 사람에 지나지 않을 뿐이니, 망령된 사람과 어찌 거짓과 진실을 따질 것이 있겠는가? 또 저의 헛된 비방은 바람이 귓가를 스쳐 지나가고, 구름이 허공을 지나는 것과 같으니, 나에게 무슨 상관이 있겠는가? 무릇 이와 같이 생각한다면 헐뜯고 비방함이 올 때 헐뜯고 비방당할 만한 행실이 있으면 고치고 없으면 더욱 힘쓰게 되어 나에게 유익하지 않음이 없을 것이다.

【출전】與妄人 何足計較虛實哉 :《孟子》〈離婁下〉

9-7 自修 無辨

若聞過自辨하여 嘵嘵然[8]不置하여 必欲置身於無過之地면 則其過愈深而取謗益宣矣리라 昔者에 或問止謗之道한대 文中子[9]曰 莫如自修니라 請益한대 曰 無辨이라하니 此言이 可爲學者之法이니라

莫如A : A만 못하다

嘵 두려워할 효 /다툴 효
愈 나을 유

句解 莫如 : ~만 못하다.~만 같지 못하다. '莫若, 不若'과 같다.

만약 허물을 듣고 스스로 변명하여 시끄럽게 떠들면서 그대로 버려두지 아니하여, 반드시 자신을 잘못이 없는 처지에 놓으려고 한다면, 그 허물이 더욱 깊어져 비방을

8 嘵嘵然 : 시끄럽게 떠드는 모양.
9 文中子(580~617) : 隋나라 絳州 龍門 사람인 王通을 가리킨다. 자는 仲淹이고, 문중자는 그의 諡號이다.

cv175188

받음이 더욱 무거워질 것이다. 옛날에 어떤 사람이 비방을 그치게 하는 방법을 묻자, 문중자文中子가 말하기를 "스스로 행실을 닦는 것만 못하다〔莫如自修〕." 하였다. 다시 더 말해 주기를 청하자, 대답하기를, "변명하지 말라〔無辨〕." 하였으니, 이 말이 배우는 자들의 본보기가 될 만하다.

【출전】 昔者 … 無辨 : 《明文海》 卷199 〈書〉53

【해설】 완벽한 성인聖人이 아닌 이상 이 세상에 허물〔過〕이 없는 사람은 없다. 그러므로 누구든 허물을 부각시켜서 비난하려 한다면 비난받지 않을 수 있는 사람은 없다. 따라서 중요한 것은 남이 허물하는 것을 탓하기보다는 스스로 허물을 고치지 않는 것을 경계해야 한다. 만약 나에게 허물이 있음에도 불구하고, 굳이 자신의 허물을 덮어 버리거나 얼버무리려 한다면, 그 허물은 더욱 커지고 깊어져 스스로를 더더욱 잘못된 수렁으로 빠뜨리고 말 것이다.

9-8 恭謹 敬對 道義 講磨 鄙俚

侍 모실 시
黨 마을 당 / 무리 당
謹 삼갈 근
磨 갈 마
談 말씀 담
掛 걸 괘

凡侍先生長者에 當質問義理難曉處하여 以明其學하고 侍鄕黨長老에 當小心恭謹하여 不放言語하여 有問則敬對以實하고 與朋友處에 當以道義講磨[10]하여 只談文字義理而已요 世俗鄙俚之說과 及時政得失守令賢否他人過惡은 一切不可掛口하고

句解 義理難曉處 : 의리 중에서 깨우치기 어려운 부분. 의리의 깨닫기 어려운 곳. 義理와 難曉處 사이에 之자가 생략된 형태이다.

• 以明其學 : (그렇게 함으로써) 그 배움을 분명히 하다. 여기에서 以자는 바로 앞 문장의 質問義理難曉處 즉 "의리 중에서 깨우치기 어려운 부분을 질문함"을 목적어로 한다.

• 及 : 접속사. '~와(과)', '~및'. 與와 같다. '世俗鄙俚之說 及時政得失'(세속의 더러운 말

CV5902

10 講磨 : 학문이나 기술을 강론하고 연마함.

과 당시 정치의 잘잘못)

무릇 선생先生과 어른(長者)을 모실 적에는 마땅히 의리 중에서 깨우치기 어려운 부분을 질문하여 그 배움을 분명히 해야 하고, 고을의 어르신(鄕黨長老)을 모실 적에는 마땅히 조심하고 공손하며 삼가서 말을 함부로 하지 아니하여, 물으심이 있으면 공경히 사실대로 대답하여야 하고, 붕우朋友와 함께 거처할 적에는 마땅히 도의를 강마講磨하여, 다만 문자와 의리를 말할 뿐이요, 세속의 더러운 말과 당시 정치의 잘잘못과 수령의 어질고 어질지 못함과 타인의 허물과 악행을 일절 입에 올리지 말아야 하고,

【출전】時政得失 … 他人過惡 :《小學》〈嘉言〉

9-9 恭謹 敬對 道義 講磨 鄙俚 孝悌忠信

與鄕人處에 雖隨問應答이나 而終不可發鄙褻之言하며 雖莊栗自持나 而切不可存矜高之色이요 惟當以善言誘掖하여 必欲引而向學하고 與幼者處엔 當諄諄言孝悌忠信하여 使發善心이니 若此不已면 則鄕俗을 漸可變也리라

褻 더러울 설
莊 엄숙할 장
栗 두려울 률
誘 꾈 유
掖 낄 액
諄 타이를 순

句解 雖 : 비록 ~하더라도. 주로 而와 호응해서 쓰인다.

- 若此不已 : 이와 같이 하여 마지않다. 이와 같이 하기를 그치지 않다. 已는 '그치다'의 의미로 쓰였다.

고을 사람(鄕人)과 함께 거처할 적에는 비록 물음에 따라 응답하더라도 끝내 더러운 말을 해서는 아니 되며, 비록 엄숙한 몸가짐을 스스로 지키더라도 절대로 자랑하고 고상한 체하는 기색을 지니지 말고, 오직 마땅히 좋은 말로 타이르고 이끌어서, 반드시 그를 인도하여 학문으로 향하게 하고자 하며, 어린아이(幼者)와 함께 거처할

cv175189

적에는 마땅히 간절하게 효제충신孝悌忠信의 도리를 말해 주어 그들로 하여금 착한 마음을 일으키게 해야 할 것이니, 이와 같이 하여 마지 않는다면 고을의 풍속을 점점 변화하게 할 수 있을 것이다.

【해설】 학문이란 참다운 삶의 방법을 찾아가는 길인데 그 구체적인 내용은 의리義理를 강구하는 것이다. 그런데 학자學者들이 경계해야 할 태도 중의 하나는 스스로 자만하여 거만한 태도를 가지고 남을 업신여기는 것이다. 배움이 깊어지고 학문이 높아질수록 겸손한 태도를 지니고, 절대로 자랑하거나 높은 체하는 기색을 갖지 않도록 경계해야 할 것이니, '사람의 덕행 중에는 겸양이 최상이다〔人之德行 謙讓爲上〕'라는 말을 늘 깊이 새겨야 할 것이다.

9-10 溫恭 慈愛 惠人 濟物 侵人 害物 心曲 利心 學仁

慈 사랑할 자
惠 은혜 혜
侵 침노할 침
害 해칠 해
絶 끊을 절

常以溫恭慈愛惠人濟物爲心이니 若其侵人害物之事는 則一毫不可留於心曲이니라 凡人이 欲利於己인댄 必至侵害人物이라 故學者先絶利心然後에 可以學仁矣리라

句解 以溫恭慈愛 惠人濟物爲心 : '以A爲B'의 형태로 이루어진 문장으로, 'A로써 B를 삼다', 'A를 B로 여기다'로 해석한다. 이 문장에서는 '溫恭慈愛 惠人濟物'이 A에 해당하고, 心이 B에 해당한다.

- '若' : ~과 같은 것은, ~으로 말할 것 같으면.
- 必至侵害人物 : 반드시 남을 침해하는 데 이른다. 必至於侵害人物에서 於가 생략되었다.

항상 온화하고 공손하고〔溫恭〕 자애로우며〔慈愛〕 남에게 은혜를 베풀고〔惠人〕 남을 구제하는 것〔濟物〕을 마음으로 삼아야 할 것이니, 남을 침노侵擄하고 일을 해치는 일과 같은 것은 털끝만큼이라도 마음 한 구석에 두어서는 안 된다. 무릇 사람들이 자기에게 이롭게 하고자 하면 반드시 남을 침해侵害하는 데 이른다. 이 때문에 배우는 자

CV5906

는 먼저 〈자기에게〉 이롭게 하려는 마음을 끊어버린 뒤에야 인仁을 배울 수 있을 것이다.

【출전】 欲利於己 必至侵害人物 : 《論語》 〈里仁〉

【해설】 군자君子는 항상 온화하고 공손하고 자애로우며 남에게 은혜를 베풀고 남을 구제하는 마음을 가지고 살아가기 때문에 남을 자기처럼 아끼고 사랑하므로 사사로운 이익을 추구하기보다는 전체의 입장에서 두루 조화를 이루는 삶을 영위한다. 이와 같은 군자의 삶은 그 주체가 천명이기 때문에 이러한 삶에 있어서는, 나는 나이고 나는 만물이며 나는 영원한 존재이므로 일체의 시간적·공간적 제한성에서 벗어난다. 이러한 군자의 삶이 바로 인仁을 실현하는 삶이며 본질적인 삶으로서 가장 가치 있는 것이다

9-11 居鄕 公事 禮見 官府

居鄕之士는 非公事禮見及不得已之故면 則不可出入官府니 邑宰雖至親이라도 亦不可數數(삭삭)往見이어든 況非親舊乎아 若非義干請은 則當一切勿爲也니라

況A乎 하물며 A함에 있어서야?

數 자주 삭
往 갈 왕
舊 오랠 구

고을에 머물고 있는 선비는 공公적인 일(公事)이나 예의석상에서 만나 보는 것, 및 부득이한 연고가 아니면 관청(官府)에 드나들어서는 안 되니, 고을 원이 비록 지극히 친한 사이라 하더라도 또한 자주 찾아가 만나서는 안 되는데 하물며 친구가 아님에 있어서이겠는가? 도리에 맞지 않는 청탁 같은 것은 마땅히 일절 하지 말아야 한다.

【해설】 관청官廳이란 국가의 사무를 집행하는 국가 기관이다. 따라서 지방에 거주하는 선비는 비록 고을 원과 개인적이 친분이 있다 하더라도 사사로운 일로 자주 드나들지 말아야 하며, 더군다나 의롭지 못한 청탁은 절대 하지 말아야 할 것을 강조한 내용이다.

CV5907

處世章第十 제 10장 선비의 자세와 벼슬의 의미

10-1 求仕 學成 爲人 爲己 科業

非A無B : A가 아니면 B가 없다

舉 천거할 거
偸 구차할 투
職 오로지 직
做 지을 주
貪 탐할 탐
躁 성급할 조
熱 더울 열

古之學者 未嘗求仕로되 學成則爲上者 擧而用之하니 蓋仕者는 爲人이요 非爲己也라 今世則不然하여 以科擧取人하여 雖有通天之學[1] 絶人之行이라도 非科擧면 無由進於行道之位라 故로 父敎其子하고 兄勉其弟하여 科擧之外엔 更無他術하니 士習之偸 職此之由라 第今爲士者 多爲父母之望 門戶之計하여 不免做科業이나 亦當利其器 俟其時하여 得失[2]을 付之天命이요 不可貪躁熱中하여 以喪其志也니라

句解 爲上者 : 윗사람이 된 자. 爲는 '~이 되다'의 의미로 쓰였다.

- 擧而用之 : 천거하여 등용함. 之는 '학문이 이루어진 사람'을 가리키는 대명사이다.
- 爲人 : 남을 위하다. 이때의 爲는 '위하다'의 의미로 쓰였다. 다음 문장의 爲己도 '위하다'의 의미로 쓰였다.
- 更無他術 : 다시 다른 방법이 없다. 更은 '다시'의 뜻이고, 이때에는 '갱'이라고 읽는다.
- 士習之偸 : 선비들의 습관이 각박해짐. 여기서의 之는 '주격 조사'에 해당한다.

CV430

1 通天之學 : 하늘의 이치를 통달한 학문.
2 得失 : 얻고 잃음. 여기서는 '과거의 급제와 낙방'을 의미한다.

- 職此之由 : 職은 '오직, 오로지'의 의미로 쓰였다. 그리고 이 문장은 職由此의 문장으로서 '부사어+타동사+목적어'의 순으로 되어야 어순에 맞지만 타동사와 목적어를 도치시킨 문장이며 이럴 경우 '之'자를 넣어서 도치되었음을 나타내는 역할을 한다. 예를 들면 《中庸》 첫 장의 "하늘이 명하신 것을 성이라 이르고, 성을 따름을 도라 이르고, 도를 품절해 놓음을 교라 이른다.〔天命之謂性 率性之謂道 修道之謂敎〕"고 하는 문장 역시 '謂天命性 謂率性道 謂修道敎'가 도치된 형태이다.
- 第 : 주로 차례, 순서, 등급 등을 나타내지만 여기서는 '다만'의 뜻으로 쓰였다. 第今爲士者(다만 요즘 선비가 된 자).
- 做 : ~을 하다. 爲와 같은 의미로 쓰였다.
- 利 : 주로 '날카롭다, 예리하다', 또는 '이롭다'는 뜻으로 쓰이는데, 여기서는 '갈고 닦는다'는 의미로 쓰였다.

옛날의 학자學者들은 일찍이 벼슬을 구하지 않았으되 학문學問이 이루어지면 윗사람이 된 자가 천거해서 등용하였으니, 벼슬하는 것은 남을 위하는 것이요〔爲人〕, 자신을 위하는 것〔爲己〕이 아니다. 지금 세상은 그렇지 아니하여, 과거科擧로써 사람을 뽑아, 비록 하늘의 이치를 통달한〔通天〕 학문과 남보다 빼어난 행실이 있더라도 과거가 아니면 치도治道를 실천할 수 있는 지위에 나아갈 길이 없다. 그러므로 아버지는 아들에게 〈과거공부를〉 시키고 형은 아우에게 〈과거공부를〉 권하여, 과거 이외에는 다시 다른 방법이 없으니, 선비들의 습관이 각박해지는 것은 오로지〔職〕 이에 연유한다. 다만 요즘 선비가 된 자들은 대부분 부모의 바람과 가문의 계책을 위하여 과거공부를 함을 피할 수 없으나, 또한 마땅히 그 기구를 갈고 닦으며 그때를 기다려, 급제와 낙방〔得失〕을 천명에 맡길 것이요, 벼슬을 탐하고 조급해 하고 마음을 끓어오르게 해서 자신의 뜻을 손상시키지 말아야 할 것이다.

【출전】 學成則爲上者 擧而用之 : 《論語》〈子路〉

○ 爲人非爲己也 : 《論語》〈憲問〉

○ 利其器 : 《論語》〈衛靈公〉

【해설】 과거科擧의 본래 의미는 시험 종류인 과목科目에 따라 거용擧用한다는 뜻이다. 과거제의 실시는 그 동안 혈연적, 정치적 편파성이 강했던 인재 등용의 관행을 탈피하여 보다 공

정하게 능력 위주로 인재를 등용할 수 있게 되었다는 데에 그 의의가 있다. 또한 학문에 근거한 인재 거용으로 철학적 정치를 펼 수 있었다. 이는 문명국가에서 매우 모범적인 제도였다.

10-2 推託 躬耕 行傭 負米 勤苦 餘力 進德

推 핑계댈 추
託 핑계댈 탁
傭 품팔 용
勤 부지런할 근
苦 괴로울 고
暇 겨를 가

人言科業爲累하여 不能學問이라하니 此亦推託之言이요 非出於誠心[3]也라 古人養親에 有躬耕者하며 有行傭[4]者하며 有負米者하니 夫躬耕 行傭 負米之時에 勤苦甚矣니 何暇讀書乎아 惟其爲親任勞하여 既修子職하고 而餘力學文이로되 亦可進德이라

句解 科業爲累 : 과거공부에 매이다. 이 문장은 '爲A所B'의 구조로, 'A에 의하여 B가 되다'로 해석한다. 따라서 爲科業所累는 '과거공부에 의해 매이다'의 뜻으로 해석할 수 있는데, 여기서는 所가 생략되고, 爲와 科業이 도치되었다.

- 推託之言 : 미루어 핑계 대는 말. 託은 '핑계 대다'의 뜻으로 쓰였다.
- 於 : 비교격 조사. '~보다'. 便於躬耕(몸소 밭 가는 것보다 편하다).

사람들이 말하기를 "과거공부에 매여서 학문을 할 수 없다."고 하니 이 또한 핑계 대는(推託) 말이요 성심에서 나온 말이 아니다. 옛날 사람은 부모를 봉양함에 몸소 밭을 갈았던 이도 있었으며, 이리저리 옮겨 다니며 품팔이한 이도 있었으며, 쌀가마니 지는 일을 한 이도 있었으니, 몸소 밭 갈고, 다니며 품팔이하고, 쌀가마니를 질 때에 근고勤苦가 심하였을 것이니, 어느 겨를에 글을 읽었겠는가? 오직 그 부모를 위해 수고로움을 자임自任하여 이미 자식의 직분을 닦고 남은 여가에 글을 배웠는데도, 또한 덕에 나아갈 수가 있었다.

【출전】既修子職 而餘力學文 :《論語》〈學而〉

3 誠心 : 진실한 마음.
4 行傭 : 이리저리 옮겨 다니며 품팔이를 함.

CV433

> ○ 不患妨功 惟患奪志 :《近思錄》〈出處〉
>
> 【해설】 옛날의 학자들은 공부의 목표를 일찍이 벼슬을 구하는 데 두지 않았는데, 과거제가 실시되면서부터는 과거를 가지고 인재를 뽑으므로, 많은 학자들이 공부의 목표를 과거급제에 두게 됨에따라, 그 습관이 나빠지는 경향이 있게 되었다. 하지만 과거는 과정으로서의 공부이므로 과거공부를 하면서도 늘 학문의 본래 의미와 목표를 염두에 두고 그 뜻을 빼앗기지 않는다면 과거공부와 이학공부 두 가지를 모두 이루는 데 있어 크게 잘못은 없을 것이다.

10-3 親情 奪志

今日之爲士者는 不見爲親任勞를 如古人者하고 只是科業一事 是親情之所欲이라하여 今旣不免做功하니 則科業이 雖與理學[5]不同이나 亦是坐而讀書作文이라 其便於躬耕行傭負米 不翅百倍라 況有餘力하여 可讀性理之書哉아

只是做科業者는 例爲得失所動하여 心常躁競하여 反不若勞力[6]之不害心術이라 故로 先賢曰 不患妨功이요 惟患奪志라하니 若能爲其事而不喪其守면 則科業理學이 可以竝行不悖矣리라

翅 뿐 시
躁 성급할 조
競 겨룰/다툴 경
妨 방해할 방
奪 빼앗을 탈
悖 어그러질 패

句解 爲得失所動 : 爲A所B의 구조이다. 득실에 의해 동요되다. 得失은 과거의 급제와 낙방을 뜻한다.

• 不若 : ~만 같지 않다. ~만 못하다.

5 理學 : 性理學을 이른다. 성리학을 가리키는 말로는 이 외에도, 道學 松明理學 朱子學 理氣論 등이 있다.

6 勞力 : 수고롭게 일함.

CV439

요즈음 선비된 자들은 어버이를 위하여 수고로움을 맡기를 옛날 사람과 같이 하는 자를 보지 못하겠고, 다만 과거공부 한 가지 일이 곧 어버이의 마음이 바라는 것이라 하여 이제 이미 과거공부함(擧業)을 면하지 못하니, 그렇다면 과거공부가 비록 리학理學과는 같지 않으나 역시 앉아서 책을 읽고 글을 짓는 것이어서 몸소 밭 갈고, 다니며 품팔이하고, 쌀가마니를 지는 일보다 편함이 백배일 뿐만이 아니다. 하물며 남은 여가에 성리性理에 관한 책을 읽을 수 있음에랴!

다만 과거공부를 하는 자들은 으레 과거에 급제하느냐 낙방하느냐에 동요되어 마음이 항상 조급하고 다투어, 도리어 수고롭게 일함이 마음을 수양하는 공부를 해치지 않는 것만 못하다. 그러므로 선현의 말씀에 "〈과거공부가〉 공부에 방해될까를 걱정하지 말고, 오로지 뜻을 빼앗길까를 걱정해야 한다."고 하셨으니, 만약 과거공부하는 일을 하면서도 지켜야 할 것을 잃어버리지 않는다면, 과거공부와 이학공부를 병행해도 서로 어긋남이 없을 것이다.

10-4 實地

著 붙을 착
屑 가루 설
累 묶을 루
悠 멀 유

今人은 名爲做擧業而實不著功하고 名爲做理學而實不下手[7]하여 若責以科業이면 則曰我志於理學不能屑屑[8]於此라하고 若責以理學이면 則曰 我爲科業所累하여 不能用功於實地라하여 如是兩占便宜하여 悠悠[9]度日이라가 卒至於科業理學이 兩無所成하니 老大之後에 雖悔인들 何追리오 嗚呼라 可不戒哉아

7 下手 : 着手. 일에 손대기 시작함.
8 屑屑 : 연연해 하는 모양.
9 悠悠 : 하는 일 없이 빈둥거리는 모양.

CV439

요즘 사람들은 말로는 과거공부科學工夫를 한다 하나 실제로는 과거공부를 하지 않고, 말로는 리학공부理學工夫를 한다고 하지만 실제로는 착수하지 아니하여, 만약 과거공부로써 질책하면 말하기를 "나는 이학에 뜻을 두고 있어서 이런 데에 연연해 할 수 없다."고 하며, 만약 이학공부로써 질책하면 말하기를 "나는 과거공부에 얽매여서 실지에 힘을 쓸 수가 없다."고 한다. 그리하여 이와 같이 양쪽으로 편리한 처지를 차지하여 하는 일 없이 하루하루 세월만 보내다가 마침내는 과거공부와 이학공부 두 가지 다 이루는 바가 없음에 이르니, 늙은 뒤에 비록 뉘우친들 어찌 미칠 수 있겠는가. 아! 경계하지 않을 수 있겠는가?

10-5 行道 祿仕 廉勤 奉公 曠官 餔啜

人於未仕時엔 惟仕是急하고 旣仕後엔 又恐失之하나니 如是汨沒[10]하여 喪其本心者 多矣라 豈不可懼哉아 位高者는 主於行道하니 道不可行이면 則可以退矣요 若家貧하여 未免祿仕면 則須辭內就外하고 辭尊居卑하여 以免飢寒而已라 雖曰祿仕나 亦當廉勤奉公하여 盡其職務요 不可曠官[11]而餔啜[12]也니라

急 급할 급
恐 두려울 공
汨 빠질 골
沒 가라앉을 몰/빠질 몰
懼 두려워할 구
廉 청렴할 렴
曠 빌 광 / 밝을 광
餔 먹을 포
啜 마실 철

句解 豈不可懼哉 : 어찌 두려워할 만하지 않겠는가! '豈不~哉' 어찌 ~하지 않겠는가?

- 主於行道 : 도를 베푸는 것을 중심으로 삼다. 於는 목적격 조사. 行道를 主의 목적어로 만들어 주는 구실을 한다.

10 汨沒 : 다른 생각을 일절 하지 않고 한 가지 일에만 온 정신을 쏟음.
11 曠官 : 관직을 비워 둠. 직분을 버려둠.
12 餔啜 : 餔糟啜醨의 줄인 말로, 시속과 어울려 아무런 하는 일 없이 놀고 먹으면서 세월을 보냄.

CV444

사람들이 아직 벼슬하지 않을 때에는 오직 벼슬하는 것을 급무急務로 여기고, 이미 벼슬에 오른 뒤에는 또 벼슬을 잃을까 걱정하는데, 이와 같이 골몰해서 그 본심本心을 잃는 자가 많으니 어찌 두려워할 만하지 않겠는가? 지위가 높은 자는 도道를 베푸는 것을 중심으로 삼아야 하니, 도가 베풀어질 수 없으면 물러나야 할 것이요, 만일 집이 가난하여 녹봉을 받기 위한 벼슬을 면치 못한다면, 모름지기 내직內職을 사양하고 외직外職으로 나가며, 높은 자리를 사양하고 낮은 자리에 머물러서 굶주림과 추위를 면할 뿐이다. 비록 녹봉을 받기 위한 벼슬이라고 하나 또한 마땅히 청렴하고 부지런히 공무를 받들어 행하여 그 직무를 다해야 할 것이요, 직분을 버려두고(曠官) 놀고 마시려고만(餔啜) 해서는 안 된다.

【출전】辭內就外 辭尊居卑 :《孟子》〈萬章下〉

○ 餔啜 :《孟子》〈離婁上〉

【해설】군자의 관심은, 남과 하나가 되는 본마음(仁)을 실현하는 방법으로서, 전체와 조화를 이룰 수 있도록 자신의 직분에 충실하고 있는지의 여부에 집중된다. 그러므로 높은 벼슬을 하거나 유명하게 되는 것은 자신의 직분에 충실한 결과 저절로 나타나는 현상이므로 거기에 집착하지 아니한다. 오직 벼슬을 하거나 유명해지는 바탕이 되는, 자신의 직분에 충실하는 것에 관심을 갖는다.

부 록

한문 독해 패턴 색인

어휘색인

한문 독해 패턴 색인

- 색인의 범위는 교재 원문에 제시한 패턴에 한함.
- 패턴내 각각의 한자에 모두 제시함. 단, 동일한 한자가 2회 이상 포함된 패턴은 1회만 기록함.
  예: '不可不A'는 '不'과 '可'에 각 1회씩 제시함.
- '한자음 가나다 순'으로 배열함.
- 아래 패턴을 반복하여 읽는 것도 한문독해력에 도움이 될 수 있음.

범례) 패턴 구조 : 패턴 풀이법_ 페이지번호, 페이지번호 …

ㅂ

不

非

ㅅ

使

庶

所

是

ㅇ

也

若

於

如

與

亦

于

爲

어휘 색인

- 동일한 어휘의 異形(동의어)이 다양하게 등장하는 경우'대표 어휘'에만 편장절 기호를 제시함.
- 이형의 항목에는 '⇒ '뒤에 '대표 어휘'를 제시함.
- '대표 어휘'는 기초서임을 고려하여 다중서적이나 온라인상에서 흔히 등장하는 어휘로 선정함.
- 본서에 수록된 어휘는 원문의 범위에 한함.

ㄷ

ㅁ

ㅂ

ㅅ

ㅌ

ㅍ

ㅎ

擊蒙要訣

讀本

본 독본은 원문 강독講讀 및 성독용聲讀用으로 제공하는 것이다.

한문의 성독 능력은 곧 한문독해력漢文讀解力과 비례한다고 할 수 있을 만큼 한문 연수의 중요 과정 중 하나이다. 한 책冊을 수십, 수백 회를 읽어서 원문을 통째로 암기暗記하는 것이 한문독해력 신장에 가장 좋다.

제대로 된 암기를 위해서는 원문을 물 흐르듯 줄줄 읽어 내려갈 수 있는 단계, 즉 '입에 올린다' 하여 '상구上口'라고 하는 과정을 반드시 거쳐야 한다.

그런데 처음 한문을 읽는 대부분의 사람은 상구의 과정 없이 몇 번만 대충 읽어보고는 머릿속으로만 의미에 따라 자구字句를 억지로 조합하려고 한다.

혹 암기력이 뛰어나서 억지로 한문 문장을 외우더라도 이렇게 외운 문장은 금세 잊히게 된다. 그러므로 자신의 학문독해력 신장을 목표로 둔 사람이라면 **문장을 빨리 암기하려는 욕심을 버리고, 원문의 의미를 음미하면서 여러 차례 반복적으로 읽을** 것을 권한다.

※ 본 독본을 읽을 때는, 앞 교재에서 '현트懸吐'와 '끊어 읽거나 쉬는 위치(▽)' 등의 내용을 참조하면 좋다.

擊蒙要訣讀本

擊蒙要訣 目次

擊蒙要訣讀本

序

序-1

人生斯世에 非學問이면 無以爲人이니 所謂學問者는 亦非異常別件物事也라 只是爲父當慈爲子當孝爲臣當忠爲夫婦當別爲兄弟當友爲少者當敬長爲朋友當有信이니 皆於日用動靜之間에 隨事各得其當而已요 非馳心玄妙하여 希覬奇效者也라

序-2

但不學之人은 心地茅塞하고 識見茫昧라 故로 必須讀書窮理하여 以明當行之路라야 然後에 造詣得正而踐履得中矣리라 今人은 不知學問이 在於日用하고 而妄意高遠難行

이라 故로 推與別人하고 自安暴棄하니 豈不可哀也哉아 余定居海山之陽할새 有一二學徒 相從問學하니 余慙無以爲師요 而且恐初學이 不知向方하고 且無堅固之志而泛泛請益이면 則彼此無補하고 反貽人譏라 故로 略書一冊子하여 粗敍立心飭躬奉親接物之方하고 名曰擊蒙要訣이라하여 欲使學徒觀此하고 洗心立脚하여 當日下功하고 而余亦久患因循하여 欲以自警省焉하노라 丁丑季冬에 德水李珥는 書하노라

立志章第一

初學이 先須立志하되 必以聖人自期하여 不可有一毫自小退託之念이니라 蓋衆人與聖人이 其本性則一也라 雖氣質

은 不能無淸濁粹駁之異나 而苟能眞知實踐하여 去其舊
染而復其性初면 則不增毫末而萬善具足矣리니 衆人이
豈可不以聖人自期乎아 故로 孟子道性善하시되 而必稱堯
舜以實之曰人皆可以爲堯舜이라하시니 豈欺我哉시리오
1-2 當常自奮發曰人性本善하여 無古今智愚之殊어늘 聖人은
何故獨爲聖人이며 我則何故獨爲衆人耶아 良由志不立
하고 知不明하며 行不篤耳라 志之立知之明行之篤이 皆在
我耳니 豈可他求哉리오 顔淵曰舜何人也며 予何人也오
有爲者 亦若是라하시니 我亦當以顔之希舜爲法이니라
1-3 人之容貌는 不可變醜爲姸이며 膂力은 不可變弱爲强이며

身體는 不可變短爲長이니 此則已定之分이라 不可改也어니와
惟有心志는 則可以變愚爲智하며 變不肖爲賢이니 此則心
之虛靈이 不拘於稟受故也라 莫美於智하며 莫貴於賢이어늘
何苦而不爲賢智하여 以虧損天所賦之本性乎아 人存此
志하여 堅固不退면 則庶幾乎道矣리라

凡人이 自謂立志하되 而不卽用功하고 遲回等待者는 名爲
立志나 而實無向學之誠故也라 苟使吾志로 誠在於學
이면 則爲仁由己라 欲之則至니 何求於人이며 何待於後哉
리오 所貴乎立志者는 卽下工夫하여 猶恐不及하여 念念不退
故也라 如或志不誠篤하여 因循度日이면 則窮年沒世인들 豈

有所成就哉리오

革舊習章第二

2-1 人雖有志於學이나 而不能勇往直前하여 以有所成就者는 舊習이 有以沮敗之也라 舊習之目을 條列如左하노니 若非勵志痛絶이면 則終無爲學之地矣리라

2-2 其一은 惰其心志하고 放其儀形하여 只思暇逸하여 深厭拘束이요 其二는 常思動作하여 不能守靜하고 紛紜出入하여 打話度日이요 其三은 喜同惡異하여 汩於流俗하여 稍欲修飭이나 恐乖於衆이요 其四는 好以文辭로 取譽於時하여 剽竊經傳하여 以飾浮藻요

其五는 工於筆札하고 業於琴酒하여 優游卒歲하여 自謂淸致요 其六은 好聚閒人하여 圍棋局戱하여 飽食終日하여 只資爭競이요 其七은 歆羨富貴하고 厭薄貧賤하여 惡衣惡食을 深以爲恥요 其八은 嗜慾無節하여 不能斷制하여 貨利聲色을 其味如蔗니라

習之害心者 大概如斯하니 其餘는 難以悉擧라 此習이 使人志不堅固하고 行不篤實하여 今日所爲를 明日難改하고 朝悔其行이라가 暮已復然하나니 必須大奮勇猛之志하여 如將一刀하여 快斷根株하고 淨洗心地하여 無毫髮餘脈하며 而時時每加猛省之功하여 使此心無一點舊染之汚然後에 可以論

進學之工夫矣리라

持身章第三

3-1 學者必誠心向道하여 不以世俗雜事로 亂其志然後에 爲學有基址라 故로 夫子曰主忠信이라하시니 朱子釋之曰人不忠信이면 事皆無實하여 爲惡則易하고 爲善則難이라 故로 必以是爲主焉이라하시니 必以忠信爲主而勇下工夫然後에 能有所成就니 黃勉齋所謂眞實心地 刻苦工夫兩言이 盡之矣로다

3-2 常須夙興夜寐하여 衣冠必正하고 容色必肅하여 拱手危坐하고 行步安詳하며 言語愼重하여 一動一靜을 不可輕忽苟且放

過니라

3-3 收斂身心은 莫切於九容이요 進學益智는 莫切於九思하니
所謂九容者는 足容重하며 手容恭하며 目容端하며 口容止하며
聲容靜하며 頭容直하며 氣容肅하며 立容德하며 色容莊이니라

3-4 所謂九思者는 視思明하며 聽思聰하며 色思溫하며 貌思恭하며
言思忠하며 事思敬하며 疑思問하며 忿思難하며 見得思義니라
常以九容九思로 存於心而檢其身하여 不可頃刻放捨요
且書諸座隅하여 時時寓目이니라

3-5 非禮勿視非禮勿聽非禮勿言非禮勿動四者는 修身之
要也라 禮與非禮를 初學이 難辨이니 必須窮理而明之하여

但於己知處에 力行之면 則思過半矣리라

3-6 爲學이 在於日用行事之間하니 若於平居에 居處恭하며 執事敬하며 與人忠이면 則是名爲學이니 讀書者는 欲明此理而已니라

3-7 衣服은 不可華侈라 禦寒而已요 飮食은 不可甘美라 救飢而已요 居處는 不可安泰라 不病而已니 惟是學問之功心術之正威儀之則은 則日勉勉而不可自足也니라

3-8 克己工夫 最切於日用하니 所謂己者는 吾心所好 不合天理之謂也라 必須檢察吾心이 好色乎아 好利乎아 好名譽乎아 好仕宦乎아 好安逸乎아 好宴樂乎아 好珍

玩乎아하여 凡百所好 若不合理어든 則一切痛斷하여 不留苗脈然後에야 吾心所好 始在於義理하여 而無己可克矣리라

3-9 多言多慮 最害心術하니 無事則當靜坐存心하고 接人則當擇言簡重하여 時然後言이면 則言不得不簡이니 言簡者近道니라

3-10 非先王之法服이어든 不敢服하며 非先王之法言이어든 不敢道하며 非先王之德行이어든 不敢行이니 此當終身服膺者也니라

3-11 爲學者一味向道하여 不可爲外物所勝이니 外物之不正者를 當一切不留於心하여 鄉人會處에 若設博奕樗蒲等戲어든 則當不寓目하여 逡巡引退하고 若遇倡妓作歌舞어든 則必

須避去요 如値鄕中大會하여 或尊長强留하여 不能避退어든 則雖在座나 而整容淸心하여 不可使奸聲亂色으로 有干於我라

3-12

當宴飮酒에 不可沈醉요 浹洽而止 可也니라 凡飮食은 當適中이니 不可快意有傷乎氣며 言笑는 當簡重이니 不可喧譁以過其節이며 動止는 當安詳이니 不可粗率以失其儀니라

3-13

有事則以理應事하고 讀書則以誠窮理하여 除二者外엔 靜坐收斂此心하여 使寂寂無紛起之念하고 惺惺無昏昧之失이 可也니 所謂敬以直內者如此니라

3-14 當正身心하여 表裏如一이니 處幽如顯하며 處獨如衆하여 使此心如青天白日을 人得而見之니라

3-15 常以行一不義 殺一不辜而得天下라도 不爲底意思로 存諸胸中이니라

3-16 居敬以立其本하며 窮理以明乎善하며 力行以踐其實이니 三者는 終身事業也니라

3-17 思無邪 毋不敬只此二句는 一生受用이라도 不盡이니 當揭諸壁上하여 須臾不可忘也니라

3-18 每日에 頻自點檢하여 心不存乎아 學不進乎아 行不力乎아하여 有則改之하고 無則加勉하여 孜孜毋怠하여 斃而後已니라

讀書章第四

4-1 學者常存此心하여 不被事物所勝이요 而必須窮理明善然
後에 當行之道 曉然在前하여 可以進步라 故로 入道莫
先於窮理하고 窮理莫先乎讀書하니 以聖賢用心之迹과 及
善惡之可效可戒者 皆在於書故也니라

4-2 凡讀書者 必端拱危坐하여 敬對方冊하여 專心致志하고 精
思涵泳하여 深解義趣하고 而每句에 必求踐履之方이니 若口
讀而心不體 身不行이면 則書自書 我自我니 何益之
有리오

4-3 先讀小學하여 於事親敬兄忠君弟長隆師親友之道에 一

一詳玩而力行之니라

4-4 次讀大學及或問하여 於窮理正心修己治人之道에 一一眞知而實踐之니라

4-5 次讀論語하여 於求仁爲己涵養本原之功에 一一精思而深體之니라

4-6 次讀孟子하여 於明辨義利遏人欲存天理之說에 一一明察而擴充之니라

4-7 次讀中庸하여 於性情之德推致之功位育之妙에 一一玩索而有得焉이니라

4-8 次讀詩經하여 於性情之邪正善惡之褒戒에 一一潛繹하여

感發而懲創之니라

4-9 次讀禮經하여 於天理之節文儀則之度數에 一一講究而有立焉이니라

4-10 次讀書經하여 於二帝三王治天下之大經大法에 一一領要而遡本焉이니라

4-11 次讀易經하여 於吉凶存亡進退消長之幾에 一一觀玩而窮研焉이니라

4-12 次讀春秋하여 於聖人賞善罰惡抑揚操縱之微辭奧義에 一一精研而契悟焉이니라

4-13 五書五經을 循環熟讀하여 理會不已하여 使義理日明하고 而

宋之先正所著之書에 如近思錄家禮心經二程全書朱子大全語類와 及他性理之說을 宜間間精讀하여 使義理常常浸灌吾心하여 無時間斷하고 而餘力에 亦讀史書하여 通古今達事變하여 以長識見이니 若異端雜類不正之書는 則不可頃刻披閱也니라

4-14 凡讀書에 必熟讀一冊하여 盡曉義趣하여 貫通無疑然後에 乃改讀他書요 不可貪多務得하여 忙迫涉獵也니라

事親章第五

5-1 凡人이 莫不知親之當孝로되 而孝者甚鮮하니 由不深知父母之恩故也라 詩不云乎아 父兮生我하시고 母兮鞠我하시니 欲

報之德인댄 昊天罔極이라하니 人子之受生에 性命血肉이 皆親
所遺라 喘息呼吸에 氣脈相通하니 此身이 非我私物이요 乃
父母之遺氣也라

5-2

故로 曰哀哀父母여 生我劬勞라하니 父母之恩이 爲如何哉
아 豈敢自有其身하여 以不盡孝於父母乎아 人能恒存此
心이면 則自有向親之誠矣리라

5-3

凡事父母者 一事一行을 毋敢自專하여 必稟命而後行
이니 若事之可爲者를 父母不許어시든 則必委曲陳達하여 頷可
而後行이요 若終不許라도 則亦不可直遂其情也니라

5-4

每日未明而起하여 盥櫛衣帶하고 就父母寢所하여 下氣怡聲

하여 問燠寒安否하며 昏則詣寢所하여 定其褥席하고 察其溫凉하며 日間侍奉에 常愉色婉容하여 應對恭敬하고 左右就養하여 極盡其誠하며 出入에 必拜辭拜謁이니라

今人이 多是被養於父母하고 不能以己力養其父母하니 若此奄過日月이면 則終無忠養之時也리라 必須躬幹家事하여 自備甘旨然後에 子職乃修니 若父母堅不聽從이면 則雖不能幹家나 亦當周旋補助하여 而盡力得甘旨之具하여 以適親口 可也니라 若心心念念이 在於養親이면 則珍味를 亦必可得矣리라 每念王延이 隆冬盛寒에 體無全衣호되 而親極滋味하여 令人感歎流涕也니라

5-6 人家父子間에 多是愛逾於敬하니 必須痛洗舊習하여 極其
尊敬이니 父母所坐臥處에 子不敢坐臥하며 所接客處에 子
不敢接私客하며 上下馬處에 子不敢上下馬 可也니라

5-7 父母之志 若非害於義理어든 則當先意承順하여 毫忽不
可違요 若其害理者는 則和氣怡色柔聲以諫하여 反覆開
陳하여 必期於聽從이니라

5-8 父母有疾이어시든 心憂色沮하여 捨置他事하고 只以問醫劑藥爲
務니 疾止어시든 復初니라

5-9 日用之間 一毫之頃을 不忘父母然後에 乃名爲孝니
彼持身不謹하며 出言無章하여 嬉戲度日者는 皆是忘父母

者也니라

5-10 日月이 如流하여 事親을 不可久也라 故로 爲子者須盡誠
竭力하여 如恐不及이 可也니라 古人詩曰古人一日養을 不
以三公換이라하니 所謂愛日者如此니라

喪制章第六

6-1 喪制는 當一依朱文公家禮니 若有疑晦處어든 則質問于
先生長者識禮處하여 必盡其禮 可也니라

6-2 復時에 俗例必呼小字하니 非禮也라 少者則猶可呼名이어니와
長者則不可呼名이요 隨生時所稱이 可也니라

6-3 母喪에 父在則父爲喪主니 凡祝辭를 皆當用夫告妻之

例也니라

6-4 父母初沒에 妻妾婦及女子는 皆被髮하고 男子則被髮扱上衽徒跣이니라 若子爲他人後者와 及女子已嫁者는 皆不被髮徒跣이니라

6-5 尸在牀而未殯엔 男女位于尸傍이면 則其位南上이니 以尸頭所在爲上也요 旣殯之後엔 女子則依前位于堂上호되 南上하고 男子則位于階下호되 其位當北上이니 以殯所在爲上也요 發引時엔 男女之位 復南上이니 以靈柩所在爲上也니 隨時變位而各有禮意니라

6-6 今人이 多不解禮하여 每弔客致慰에 專不起動하고 只俯伏

而已하니 此非禮也라 弔客이 拜靈座而出이어든 則喪者當出
自喪次하여 向弔客하여 再拜而哭이 可也니라

6-7 衰經은 非疾病服役이면 則不可脫也니라

6-8 家禮에 父母之喪엔 成服之日에 始食粥하고 卒哭之日에
始疏食水飲하고 不食菜果하며 小祥之後에 始食菜果하니 禮
文如此하니 非有疾病이면 則當從禮文이니라 人或有過禮而啜
粥三年者하니 若是誠孝出人하여 無一毫勉强之意면 則雖
過禮라도 猶或可也어니와 若誠孝未至어늘 而勉强踰禮면 則是
自欺而欺親也니 切宜戒之니라

6-9 今之識禮之家 多於葬後返魂하니 此固正禮로되 但時人

效顰하여 遂廢廬墓之俗하고 返魂之後에 各還其家하여 與妻子同處하여 禮坊大壞하니 甚可寒心이라 凡喪親者 自度一一從禮하여 無毫分虧欠이어든 則當依禮返魂이어니와 如或未然이면 則當依舊俗廬墓 可也니라

6-10

親喪엔 成服之前에 哭泣을 不絶於口하고 葬前에 哭無定時하여 哀至則哭하며 卒哭後則朝夕哭二時而已니 禮文이 大槪如此어니와 若孝子情至면 則哭泣이 豈有定數哉아 凡喪은 與其哀不足而禮有餘也론 不若禮不足而哀有餘也니 喪事는 不過盡其哀敬而已니라

6-11

曾子曰人未有自致者也나 必也親喪乎인저하시니 送死者는

事親之大節也니 於此에 不用其誠이면 惡乎用其誠이리오 昔者에 小連大連이 善居喪하여 三日不怠하고 三月不懈하고 期悲哀하고 三年憂하니 此是居喪之則也라 孝誠之至者는 則不勉而能矣어니와 如有不及者는 則勉而從之 可也니라

6-12

人之居喪에 誠孝不至하여 不能從禮者는 固不足道矣어니와 間有質美而未學者하여 徒知執禮之爲孝하고 而不知傷生之失正하여 過於哀毁하여 羸疾已作호되 而不忍從權하여 以至滅性者 或有之하니 深可惜也라 是故로 毁瘠傷生을 君子謂之不孝니라

6-13

凡有服親戚之喪에 若他處聞訃어든 則設位而哭이니 若奔

喪이면 則至家而成服하고 若不奔喪이면 則四日成服이니라 若齊衰之服이면 則未成服前三日中에 朝夕爲位會哭이니라 師友之義重者와 及親戚之無服而情厚者와 與凡相知之分密者는 皆於聞喪之日에 若道遠하여 不能往臨其喪이면 則設位而哭이니라 師則隨其情義深淺하여 或心喪三年或期年或九月或五月或三月이요 友則雖最重이나 不過三月이니라 若師喪에 欲行三年期年者 不能奔喪이어든 則當朝夕設位而哭하여 四日而止니라

凡遭服者 每月朔日에 設位服其服而會哭하고 月數旣滿이면 則於次月朔日에 設位服其服하고 會哭而除之니 其

間哀至則哭이 可也니라

6-16 凡大功以上喪은 則未葬前에 非有故어든 不可出入이며 亦不可弔人이요 常以治喪講禮爲事니라

祭禮章第七

7-1 祭祀는 當依家禮하여 必立祠堂하여 以奉先主하고 置祭田具祭器하여 宗子主之니라

7-2 主祠堂者는 每晨에 謁于大門之內하여 再拜하고 出入에 必告이니라

7-3 或有水火盜賊이어든 則先救祠堂하여 遷神主遺書하고 次及祭器하고 然後及家財니라

7-4 正至朔望則參하고 俗節則薦以時食이니라
7-5 時祭則散齊四日하고 致齊三日하며 忌祭則散齊二日하고 致
齊一日하며 參禮則齊宿一日이니 所謂散齊者는 不弔喪不
問疾不茹葷飮酒不得至亂하며 凡凶穢之事를 皆不得預
요 所謂致齊者는 不聽樂不出入하고 專心想念所祭之人
하여 思其居處하며 思其笑語하며 思其所樂하며 思其所嗜之謂
也라 夫然後에 當祭之時하여 如見其形하고 如聞其聲하여 誠
至而神享也니라
7-6 凡祭는 主於盡愛敬之誠而已니 貧則稱家之有無하고 疾
則量筋力而行之호되 財力可及者는 自當如儀니라

7-7

墓祭忌祭를 世俗이 輪行하니 非禮也라 墓祭則雖輪行이라도 皆祭于墓上하니 猶之可也어니와 忌祭는 不祭于神主하고 而乃祭于紙榜하니 此甚未安이라 雖不免輪行이나 須具祭饌하여 行于家廟 庶乎可矣리라

7-8

喪祭二禮는 最是人子致誠處也라 已沒之親을 不可追養이니 若非喪盡其禮 祭盡其誠이면 則終天之痛을 無事可寓요 無時可洩也니 於人子之情에 當如何哉아 曾子曰愼終追遠이면 民德歸厚矣라하시니 爲人子者 所當深念也니라

7-9

今俗이 多不識禮하여 其行祭之儀 家家不同하니 甚可笑

也라 若不一裁之以禮면 則終不免紊亂無序하여 歸於夷虜之風矣리라 玆鈔祭禮하여 附錄于後하고 且爲之圖하노니 須詳審倣行호되 而若父兄不欲이어시든 則當委曲陳達하여 期於歸正이니라

居家章第八

凡居家에 當謹守禮法하여 以率妻子及家衆이니 分之以職하고 授之以事하여 而責其成功하며 制財用之節하여 量入而爲出하며 稱家之有無하여 以給上下之衣食과 及吉凶之費호되 皆有品節하여 而莫不均一하며 裁省冗費하고 禁止奢華하여 常須稍存羸餘하여 以備不虞니라

8-2 冠婚之制는 當依家禮요 不可苟且從俗이니라

8-3 兄弟는 同受父母遺體하여 與我如一身하니 視之를 當無彼我之間하여 飮食衣服有無를 皆當共之니라 設使兄飢而弟飽하고 弟寒而兄溫이면 則是一身之中에 肢體或病或健也니 身心이 豈得偏安乎아 今人이 兄弟不相愛者는 皆緣不愛父母故也라 若有愛父母之心이면 則豈可不愛父母之子乎아 兄弟 若有不善之行이면 則當積誠忠諫하여 漸喩以理하여 期於感悟요 不可遽加厲色拂言하여 以失其和也니라

8-4 今之學者 外雖矜持나 而內鮮篤實하여 夫婦之間 衽

席之上에 多縱情慾하여 失其威儀라 故로 夫婦不相昵狎而能相敬者 甚少하니 如是而欲修身正家인들 不亦難乎아 必須夫和而制以義하고 妻順而承以正하여 夫婦之間에 不失禮敬然後에 家事를 可治也리라 若從前相狎이라가 而一朝에 遽欲相敬이면 其勢難行이니 須是與妻相戒하여 必去前習하고 漸入於禮 可也니라 妻若見我發言持身이 一出於正이면 則必漸相信而順從矣리라

生子에 自稍有知識時로 當導之以善이니 若幼而不教하여 至於旣長이면 則習非放心하여 教之甚難이니 教之之序는 當依小學이니라 大抵一家之內에 禮法興行하고 簡編筆墨之外

에 無他雜技면 則子弟亦無外馳畔學之患矣리라 兄弟之子는 猶我子也니 其愛之其教之를 當均一이요 不可有輕重厚薄也니라

婢僕은 代我之勞하니 當先恩而後威라야 乃得其心이니 君之於民과 主之於僕에 其理一也라 君不恤民則民散이니 民散則國亡하고 主不恤僕則僕散이니 僕散則家敗는 勢所必至라 其於婢僕에 必須軫念飢寒하여 資給衣食하여 使得其所하고 而有過惡이면 則先須勤勤教誨하여 使之改革하고 教之不改然後에 乃施楚撻하여 使其心으로 知厥主之楚撻이 出於教誨요 而非所以憎嫉이니 然後에 可使改心革面矣리라

8-7

治家에 當以禮法으로 辨別內外하여 雖婢僕이라도 男女不可混處니 男僕이 非有所使令이면 則不可輒入內하고 女僕을 皆當使有定夫하여 不可使淫亂이니 若淫亂不止者는 則當黜使別居하여 毋令汚穢家風이니라 婢僕을 當令和睦이니 若有鬪閱喧噪者어든 則當痛加禁制니라

8-8

君子憂道요 不當憂貧이니 但家貧하여 無以資生이면 則雖當思救窮之策이나 亦只可免飢寒而已요 不可存居積豊足之念이며 且不可以世間鄙事로 留滯于心胸之間이니라 古之隱者 有織屨而食者 樵漁而活者 植杖而耘者하니 此等人은 富貴不能動其心이라 故로 能安於此하니 若有較利害

計豊約之念이면 則豈不爲心術之害哉아 學者는 要須以輕富貴守貧賤爲心이니라

8-9 居家에 貧寠면 則必爲貧寠所困하여 失其所守者多矣라 學者 正當於此處用功이니 古人曰窮視其所不爲하며 貧視其所不取라하고 孔子曰小人은 窮斯濫矣라하시니 若動於貧寠하여 而不能行義면 則焉用學問爲哉리오 凡辭受取與之際에 必精思義與非義하여 義則取之하고 不義則不取하여 不可毫髮放過니라

8-10 若朋友는 則有通財之義하니 所遺를 皆當受로되 但我非乏而遺以米布면 則不可受也니라 其他相識者면 則只受其

有名之饋하고 而無名則不可受也니 所謂有名者는 賻喪贐行助婚禮周飢乏之類是也라

8-11

若是大段惡人心所鄙惡者는 則其饋雖有名이나 受之면 心必不安이니 心不安이면 則不可抑而受之也니라 孟子曰無爲其所不爲하며 無欲其所不欲이니라하시니 此是行義之法也니라

8-12

中朝則列邑之宰 有私俸이라 故로 推其餘하여 可以周人之急矣어니와 我國則守令이 別無私俸하고 只以公穀으로 應日用之需어늘 而若私與他人이면 則不論多少하고 皆有罪譴하여 甚則至於犯贓하고 受者亦然하니 爲士而受守令之饋면 則是乃犯禁也라 古者에 入國而問禁하니 則居其國者 豈

可犯禁乎아 守令之饋는 大抵難受하니 若私與官庫之穀이면 則不論人之親疏名之有無物之多寡하고 皆不可受也니라

接人章第九

9-1 凡接人에 當務和敬이니 年長以倍어든 則父事之하고 十年以長이어든 則兄事之하고 五年以長이어든 亦稍加敬이니 最不可恃學自高尙氣陵人也니라

9-2 擇友에 必取好學好善方嚴直諒之人하여 與之同處하여 虛受規戒하여 以攻吾闕하고 若其怠惰好嬉柔佞不直者 則不可交也니라

9-3

鄕人之善者는 則必須親近通情하고 而鄕人之不善者는 亦不可惡言揚其陋行이요 但待之泛然하여 不相往來니 若前日相知者는 則相見에 只敍寒暄하고 不交他語면 則自當漸疎하여 亦不至於怨怒矣리라

9-4

同聲相應하며 同氣相求하나니 若我志於學問이면 則我必求學問之士요 學問之士 亦必求我矣리라 彼名爲學問而門庭에 多雜客하여 喧囂度日者는 必其所樂 不在學問故也니라

9-5

凡拜揖之禮는 不可預定이니 大抵父之執友는 則當拜요 洞內年長十五歲以上者는 當拜요 爵階堂上而長於我

十年以上者는 當拜요 鄕人年長二十歲以上者는 當拜로되 而其間高下曲折은 在隨時節中이요 亦不必拘於此例니 但常以自卑尊人底意思로 存諸胸中이 可也니라 詩曰 溫溫恭人이 惟德之基라하니라

人有毁謗我者어든 則必反而自省이니 若我實有可毁之行이면 則自責內訟하여 不憚改過하고 若我過甚微而增衍附益이면 則彼言雖過나 而我實有受謗之苗脈하니 亦當剗鋤前愆하여 不留毫末하고 若我本無過而捏造虛言이면 則此不過妄人而已니 與妄人으로 何足計較虛實哉리오 且彼之虛謗이 如風之過耳雲之過空하니 於我에 何與哉아 夫如是면

則毀謗之來에 有則改之하고 無則加勉하여 莫非有益於我也리라

9-7 若聞過自辨하여 嘵嘵然不置하여 必欲置身於無過之地면 則其過愈深而取謗益重矣리라 昔者에 或問止謗之道한대 文中子曰莫如自修니라 請益한대 曰無辨이라하니 此言이 可爲學者之法이니라

9-8 凡侍先生長者에 當質問義理難曉處하여 以明其學하고 侍鄕黨長老에 當小心恭謹하여 不放言語하여 有問則敬對以實하고 與朋友處에 當以道義講磨하여 只談文字義理而已요 世俗鄙俚之說과 及時政得失守令賢否他人過惡은

一切不可掛口하고

9-9 與鄕人處에 雖隨問應答이나 而終不可發鄙褻之言하며 雖莊栗自持나 而切不可存矜高之色이요 惟當以善言誘掖하여 必欲引而向學하고 與幼者處엔 當諄諄言孝悌忠信하여 使發善心이니 若此不已면 則鄕俗을 漸可變也리라

9-10 常以溫恭慈愛惠人濟物爲心이니 若其侵人害物之事는 則一毫不可留於心曲이니라 凡人이 欲利於己인댄 必至侵害人物이라 故學者先絶利心然後에 可以學仁矣리라

9-11 居鄕之士는 非公事禮見及不得已之故면 則不可出入官府니 邑宰雖至親이라도 亦不可數數往見이어든 況非親舊乎

아 若非義干請은 則當一切勿爲也니라

處世章第十

古之學者 未嘗求仕로되 學成則爲上者 擧而用之하니 蓋仕者는 爲人이요 非爲己也라 今世則不然하여 以科擧取人하여 雖有通天之學 絶人之行이라도 非科擧면 無由進於行道之位라 故로 父敎其子하고 兄勉其弟하여 科擧之外엔 更無他術하니 士習之偸 職此之由라 第今爲士者 多爲父母之望 門戶之計하여 不免做科業이나 亦當利其器 俟其時하여 得失을 付之天命이요 不可貪躁熱中하여 以喪其志也니라

10-2

人言科業爲累하여 不能學問이라하니 此亦推託之言이요 非出於誠心也라 古人養親에 有躬耕者하며 有行傭者하며 有負米者하니 夫躬耕行傭負米之時에 勤苦甚矣니 何暇讀書乎아 惟其爲親任勞하여 旣修子職하고 而餘力學文이로되 亦可進德이라

10-3

今日之爲士者는 不見爲親任勞를 如古人者하고 只是科業一事 是親情之所欲이라하여 今旣不免做功하니 則科業이 雖與理學不同이나 亦是坐而讀書作文이라 其便於躬耕行傭負米 不翅百倍라 況有餘力하여 可讀性理之書哉아 只是做科業者는 例爲得失所動하여 心常躁競하여 反不若

勞力之不害心術이라 故로 先賢曰不患妨功이요 惟患奪志라하니 若能爲其事而不喪其守면 則科業理學이 可以竝行不悖矣리라

10-4

今人은 名爲做擧業而實不著功하고 名爲做理學而實不下手하여 若責以科業이면 則曰我志於理學不能屑屑於此라하고 若責以理學이면 則曰我爲科業所累하여 不能用功於實地라하여 如是兩占便宜하여 悠悠度日이라가 卒至於科業理學이 兩無所成하니 老大之後에 雖悔인들 何追리오 嗚呼라 可不戒哉아

10-5

人於未仕時엔 惟仕是急하고 旣仕後엔 又恐失之하나니 如是

汩沒하여 喪其本心者 多矣라 豈不可懼哉아 位高者는
主於行道하니 道不可行이면 則可以退矣요 若家貧하여 未免
祿仕면 則須辭內就外하고 辭尊居卑하여 以免飢寒而已라
雖曰祿仕나 亦當廉勤奉公하여 盡其職務요 不可曠官而
餔啜也니라

擊蒙要訣讀本 終

列子鬳齋口義　崔秉準·孔勤植·權憲俊 共譯　34,000원
二程全書 1~6〔全10〕　崔錫起·外 譯註　各 32,000원~44,000원
莊子 1~4　安炳周·田好根 共譯　各 31,000원~39,000원
政經·牧民心鑑　洪起殷·全百燦 譯註　27,000원
韓非子集解 1~5　許鎬九 外 譯註　各 32,000원~40,000원

〔武經七書直解〕

孫武子直解·吳子直解　成百曉·李蘭洙 譯註　45,000원
六韜直解·三略直解　成百曉·李鍾德 譯註　45,000원
尉繚子直解·李衛公問對直解　成百曉·李蘭洙 譯註　45,000원
司馬法直解　成百曉·李蘭洙 譯註　45,000원

〈集部〉

古文眞寶 前集　成百曉 譯註　30,000원
唐詩三百首 1~3　宋載卲 外 譯註　各 33,000원~39,000원

〔唐宋八大家文抄〕

韓愈 1~3　鄭太鉉 譯註　各 22,000원/28,000원
柳宗元 1~2　宋基采 譯註　各 22,000원
歐陽脩 1~7　李相夏 譯註　各 25,000원~35,000원
蘇洵　李章佑 外 譯註　25,000원
蘇軾 1~5　成百曉 譯註　各 22,000원
蘇轍 1~3　金東柱 譯註　各 20,000원~22,000원
王安石 1~2　申用浩 外 共譯　各 20,000원/25,000원
曾鞏　宋基采 譯註　25,000원

〔明淸八大家文鈔〕

1 歸有光·方苞　李相夏 外 譯註　35,000원
2 劉大櫆·姚鼐　李相夏 外 譯註　35,000원
3 梅曾亮·曾國藩　李相夏 外 譯註　38,000원
4 張裕釗·吳汝綸　李相夏 外 譯註　38,000원

東洋古典新譯

당시선　송재소·최경렬·김영죽 편역　22,000원
손자병법　성백효 역주　14,000원
장자　안병주·전호근·김형석 역주　13,000원
고문진보 후집　신용호 번역　28,000원
노자도덕경　김시천 역주　15,000원
고문진보 전집 上·下　신용호 번역　各 22,000원
신식 비문척독　박상수 번역　25,000원
안씨가훈　김창진 편역　근간

동양문화총서

동양사상 해설과 원전　정규훈 外 저　22,000원
화합의 길 《중용》 읽기　금장태 저　20,000원
호설과 시장　신용호 저　20,000원
어느 노학자의 젊은 시절　심재기 저　22,000원

문화문고

경전으로 본 세계종교 그리스도교　이정배 편저　10,000원
〃 도교　이강수 편역　10,000원
〃 천도교　윤석산 외 편저　10,000원
〃 힌두교　길희성 편역　10,000원
〃 유교　이기동 편저　10,000원
〃 불교　김용표 편저　10,000원
〃 이슬람　김영경 편역　10,000원
논어·대학·중용　조수익·박승주 공역　10,000원
맹자　조수익·박승주 공역　10,000원
소학　박승주·조수익 공역　10,000원
십구사략 1~2　정광호 저　各 12,000원
무경칠서 손자병법·오자병법　성백효 역　10,000원
〃 육도·삼략　성백효 역　10,000원
〃 사마법·울료자·이위공문대　성백효 역　10,000원
당시선　송재소·최경렬·김영죽 편역　10,000원
한문문법　이상진 저　13,000원
한자한문전통교재　조수익·이성민 공역　13,000원
士小節 선비 집안의 작은 예절　이동희 편역　12,000원
儒學이란 무엇인가　이동희 저　10,000원
동아시아의 유교와 전통문화　이동희 저　13,000원
현대인, 동양고전에서 길을 찾다　이동희 저　10,000원
100자에 담긴 한자문화 이야기　김경수 저　12,000원
우리 설화 1~2　김동주 편역　各 10,000원
대한민국 국무총리　이재원 저　10,000원
백운거사 이규보의 문학인생　신용호 저　14,000원

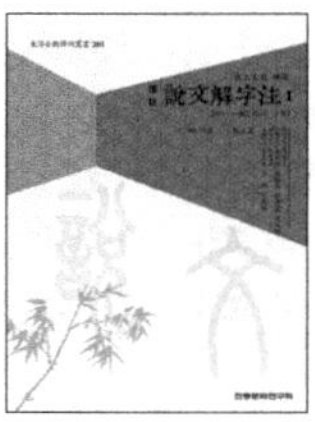

전통문화연구회 도서목록

범례 : 毛詩正義 1~8〔全15〕- 전체 15책 계획, 현재 1~8책만 간행된 경우.
별도 표시 없는 경우는 완간.

新編 基礎漢文教材

新編 四字小學·推句	고전교육연구실 編譯	11,000원
新編 啓蒙篇·童蒙先習	고전교육연구실 編譯	11,000원
新編 明心寶鑑	李祉坤·元周用 譯註	15,000원
新編 擊蒙要訣	咸賢贊 譯註	12,000원
新編 註解千字文	李忠九 譯註	13,000원
新編 原文으로 읽는 故事成語	元周用 編譯	15,000원
新編 唐音註解選	權卿相 譯註	22,000원

漢文讀解捷徑시리즈

漢文독해 기본패턴	고전교육연구실 著	15,000원
四書독해첩경	고전교육연구실 著	25,000원
한문독해첩경 -文學篇	朴相水·李和春 외 著	17,000원
한문독해첩경 -史學篇	朴相水·李和春 외 著	17,000원
한문독해첩경 -哲學篇	朴相水·李和春 외 著	17,000원

五書五經讀本

論語集註 上·下	鄭太鉉 譯註	各 25,000원
孟子集註 上·下	田炳秀 外 譯註	各 30,000원
大學·中庸集註	李光虎 外 譯註	15,000원
小學集註 上·下	李忠九 外 譯註	各 25,000원
詩經集傳 上·中·下	朴小東 譯註	各 30,000원
書經集傳 上·中·下	金東柱 譯註	各 30,000원
周易傳義 元·亨·利·貞	崔英辰 外 譯註	各 30,000원
詳說 古文眞寶大全後集 上·下	李相夏 外 譯註	各 32,000원
春秋左氏傳 上·中·下	許鎬九 外 譯註	各 36,000원~38,000원
禮記 上·中·下	成百曉 外 譯註	各 30,000원

東洋古典國譯叢書

大學·中庸集註 -개정증보판	成百曉 譯註	10,000원
論語集註 -개정증보판	成百曉 譯註	27,000원
孟子集註 -개정증보판	成百曉 譯註	30,000원
詩經集傳 上·下	成百曉 譯註	各 35,000원
書經集傳 上·下	成百曉 譯註	各 35,000원
周易傳義 上·下	成百曉 譯註	各 35,000원
小學集註	成百曉 譯註	30,000원
古文眞寶 後集	成百曉 譯註	32,000원

東洋古典譯註叢書

〈經部〉

〔十三經注疏〕

周易正義 1~4	成百曉 外 譯註	各 32,000원~44,000원
尙書正義 1~7	金東柱 譯註	各 25,000원~46,000원
毛詩正義 1~8〔全15〕	朴小東 外 譯註	各 32,000원~40,000원
禮記正義 1~2, 中庸·大學	李光虎 外 譯註	各 20,000원~30,000원
論語注疏 1~3	鄭太鉉 外 譯註	各 35,000원~44,000원
孟子注疏 1~4〔全5〕	崔彩基 外 譯註	各 29,000원~33,000원
孝經注疏	鄭太鉉 外 譯註	35,000원
周禮注疏 1~4〔全15〕	金容天 外 譯註	各 27,000원~34,000원
春秋左傳正義 1~2〔全18〕	許鎬九 外 譯註	各 27,000원~32,000원
春秋公羊傳注疏 1〔全7〕	許鎬九 外 譯註	37,000원

春秋左氏傳 1~8	鄭太鉉 譯註	各 28,000원~35,000원
禮記集說大全 1~6〔全10〕	辛承云 外 譯註	各 25,000원~40,000원
東萊博議 1~5	鄭太鉉 外 譯註	各 25,000원~38,000원
韓詩外傳 1~2	許敬震 外 譯註	各 29,000원~36,000원
說文解字注 1~5〔全20〕	李忠九 外 譯註	各 32,000원~38,000원

〈史部〉

思政殿訓義 資治通鑑綱目 1~22〔全39〕	辛承云 外 譯註	各 18,000원~37,000원
通鑑節要 1~9	成百曉 譯註	各 18,000원~44,000원
唐陸宣公奏議 1~2	沈慶昊 外 譯註	各 35,000원~45,000원
貞觀政要集論 1~4	李忠九 外 譯註	各 25,000원~32,000원
列女傳補注 1~2	崔秉準 外 譯註	各 30,000원~38,000원
歷代君鑑 1~4	洪起殷 外 譯註	各 30,000원~38,000원

〈子部〉

孔子家語 1~2	許敬震 外 譯註	各 39,000원/40,000원
管子 1~4〔全5〕	李錫明 外 譯註	各 29,000원~33,000원
近思錄集解 1~3	成百曉 譯註	各 35,000원~36,000원
老子道德經注	金是天 譯註	30,000원
大學衍義 1~5〔全7〕	辛承云 外 譯註	各 26,000원~30,000원
墨子閒詁 1~6〔全7〕	李相夏 外 譯註	各 32,000원~53,000원
說苑 1~2	許鎬九 譯註	各 25,000원
世說新語補 1~5	金鎭玉 外 譯註	各 29,000원~42,000원
荀子集解 1~7	宋基采 譯註	各 30,000원~42,000원
心經附註	成百曉 譯註	35,000원
顔氏家訓 1~2	鄭在書 外 譯註	各 22,000원/25,000원
揚子法言 1〔全2〕	朴勝珠 譯註	24,000원